新 障害のある子どもの保育実践

New Child Care Practices of
Children with Disabilities

水田 和江・増田 貴人〔編著〕

学文社

執 筆 者 (執筆順)

- ＊水田　和江　宇部フロンティア大学短期大学部（第1章,第3章1・2）
- 　中山　忠政　プール学院大学国際文化学部（第2章）
- 　岡本　　実　社会福祉法人吉敷愛児園　子ども発達支援センター愛（第3章3,第7章）
- 　松井　剛太　香川大学教育学部（第4章,第6章5演習8）
- 　片川　智子　千葉明徳短期大学（第5章1・2）
- 　本保　恭子　ノートルダム清心女子大学人間生活学部（第5章3,第6章1演習2）
- 　中津　愛子　山口短期大学（第6章1演習1）
- 　村上　玲子　宇部フロンティア大学短期大学部（第6章2演習4）
- 　中山　智哉　九州女子大学人間科学部（第6章3演習5）
- ＊増田　貴人　弘前大学教育学部（第6章4演習6・7,第8章）
- 　小田久美子　ノートルダム清心女子大学人間生活学部（第16章2演習3）

（＊は編者）

■ はじめに ■

　障害のある子どもの保育は，現在，保育活動の一場面としてその実践方法に関心がもたれている．障害のある子どもの保育が特別な保育形態でなくなった背景には，ノーマライゼーションあるいはインクルージョンの理念が定着してきたことにあるが，それだけではなく，発達障害をはじめとして集団のなかでの特別な支援を必要とする子どもたちが増えてきているということがあげられる．そこで，障害のある子どもの保育が本当の意味で保育活動として定着してきたのか，実践から導き出された保育者の役割は何か，保育の課題は何かについて検討してみる必要がある．

　今回，『新障害のある子どもの保育実践』を発行するにあたり，次のことについて，読者自身が検討できるように配慮した．

　ひとつは，障害のある子どもが参加する保育活動が，その集団に所属するメンバーそれぞれにとって豊かな関わりの場となっているのか，子どもの成長・発達を保障する保育実践の展開にはどのような課題があるのかを検討することである．

　多くの保育者は，障害のある子どもの保育を保育の原点と捉えている．それは，障害のある子どもの保育実践には，子どもをしっかりと見つめる目と，発達を総合的に理解する力，子どもの可能性を最大限に発揮させる創造的な生活体験を企画する力が求められるからである．保育者は，保育集団に参加する乳幼児がその子らしさを発揮できる生活経験を準備し，発達の可能性を最大限に発揮できるように支えているが，これらを実践する保育者の力は，子どもの発達の視点から日々の実践を評価・検証する科学的な視点から得られるものである．障害のある子どもの保育実践の検証は，保育実践に共通する課題を発見することにもつながる．

　2つ目は，障害のある子どもの成長・発達を支える生活環境・地域環境を，

その家族とともに創り上げていくしくみを検討することである．

　近年，「障害者基本法」「障害者の権利に関する条約」をはじめ「障害者の日常生活及び社会生活を総合的に支援するための法律」などの公布，児童福祉法等の改正など，障害のある子どもの養育環境に関連する法制度が整えられた．また，間接的には「子ども・子育て支援法」等の成立で，子どもの養育支援体制も大きく変化してきた．障害のある子どもを養育する家族を支える地域の生活基盤を確かなものにすることは，子どもの成長・発達を確かなものにする環境づくりにとって重要な課題である．

　保育者は，医療や療育，教育との連携，さらにライフサイクルにそった地域支援も視野に入れて保育を展開することで，自らの役割の専門性を認識できる．そのうえで，他の職種との協働を検討することが子どもの発達環境を豊かにすることにつながる．

　障害のある子どもの保育実践の質の向上および子どもの生活基盤を確立するということは，子ども一人ひとりの生命の尊厳を認め，人権を尊重するという理念を実現していくものである．

　このテキストは，障害のある子どもの保育実践の検討を通して，子どもの発達する権利を尊重し，子ども自らが未来を切り開く力を身に付けるための保育を創造していくための一助となることを願って編集した．

　2014 年 3 月

編著者　水田　和江

目次

第1部 障害のある子どもの権利保障と実践の基礎

第1章 子どもの発達権と"障害"の理解 ― 2

(1) 「障害」の理解 2

 1)「障害」の概念 2 ／ 2) 障害児（者）の定義と権利保障 3 ／ 3) 障害のある子どもの現状 7

(2) 障害のある子どもの発達権保障とその課題 7

第2章 障害児保育の歩みと現状 ― 11

(1) 障害児保育の歴史 11

 1) 戦後から1950年代 11 ／ 2) 1960年代〈制度化に向けて〉 12 ／ 3) 1970年代〈「障害児保育」の幕開け〉 13 ／ 4) 1980年代〈「障害児保育」の定着〉 15 ／ 5) 1990年代〈通園施設の見直し〉 16 ／ 6) 2000年代・2010年代〈「福祉の見直し」とともに〉 17

(2) 障害児保育の現状 19

 1) 保育所 20 ／ 2) 幼稚園 21 ／ 3) 保育所を除く児童福祉施設および支援事業 21

第3章 障害のある子どもの発達環境 ― 25

(1) 障害のある子どもに必要な生活環境 25

 1) 早期発見と相談支援事業 25 ／ 2) 子育て支援と地域の役割 26 ／ 3) 将来を見通した支援体制の構築 28

(2) 障害のある子どもの発達理解 29

 1) ありのままの子どもの姿からの出発 29 ／ 2)「いま（今）」を充実させ，次の発達力を生み出す 32 ／ 3) 人とのかかわりを支える 33

(3) 自己決定を支える 37

1）障害のある子どもと自己決定　37／2）幼児期における取り組み　40

第4章　障害のある子どもへのかかわりと保育者の専門性――――47

(1) 保育者の役割　47

1）保育の質の向上のために　47／2）保育者の倫理観　48／3）保護者の苦情解決　50

(2) 保育カンファレンスと保育者の研修体制　51

1）子どもの「学び」を話し合う保育カンファレンス　51／2）保育カンファレンスの進め方　52

(3) 家族への支援と保育者の役割　55

1）家族の障害受容　55／2）子育ての難しさ　57／3）家族間の関係性を支える　58

第5章　保育実践の基礎知識――――――――――――――――61

(1) 保育の展開と留意点　61

1）保育指導計画と個別支援計画　61／2）日常生活の支援にあたって　63／3）療育的支援にあたって　65／4）自己実現・自立支援　66／5）記録および自己評価　68

(2) 保育環境の整備について　69

1）環境と子どもの主体的活動　69／2）安心して生活するための環境　70／3）主体的活動を支える環境づくり　71

(3) 健康・安全に配慮した保育環境を考える　74

1）健康管理としての保育環境　74／2）食事環境　75／3）安全な環境への配慮　76

第2部　障害のある子どもの保育の実際

第6章　障害のある子どもの特性と発達支援の留意点――――84

(1) 発達支援の風景――身体機能の発達と支援――

(演習1) 言語・聴覚障害のある子どもと"ことば遊び"　84

1）聴覚障害とは　84／2）聴覚に障害のあるK君の保育事例　86／3）ことばを育むための保育者の役割　90

目次　v

　　（演習２）肢体不自由・重症心身障害のある子どもと"身体表現遊び"　90

　　　　１）肢体不自由および重症心身障害について　90／２）運動機能の発達援助を目標にした事例　92／３）事例に関する検討事項　96／４）障害のある子どもの課題　97

　(2)　発達支援の風景――知的機能の発達と支援――

　　（演習３）知的障害のある子どもの造形遊び　100

　　　　１）知的障害とは　100／２）知的障害のある子どもの造形遊び　101

　　（演習４）知的障害のある子どもの音楽と表現遊び　108

　(3)　発達支援の風景――基本的生活習慣の発達と支援――

　　（演習５）自閉症・自閉症スペクトラムのある子どもの療育と発達支援　117

　　　　１）自閉症と自閉症スペクトラム　117／２）自閉症スペクトラムとは　118／３）自閉症スペクトラムの障害特性　119／４）自閉症スペクトラムのある子どもの発達的特徴　122／５）発達支援の留意点　123

　(4)　発達支援の風景――社会性の習得と支援――

　　（演習６）不器用な子どもと集団活動　132

　　（演習７）注意の集中が困難な子どもと集団活動　138

　(5)　発達支援の風景――育児に支援を求める保護者とともに――

　　（演習８）保護者・きょうだいなど家族への支援　145

　　　　１）家族支援の視点　145／２）保護者支援の方法　147／３）障害のある子どもの「きょうだい」の特徴　148／４）きょうだい支援の視点　150／５）きょうだい支援の方法　151

第７章　施設・専門機関の地域ネットワークの現状――――――――――――153

　(1)　児童発達支援センターを中核とした連携　153

　　　　１）障害児通園施設の設置と障害児保育　153／２）障害児通園施設の課題と児童発達支援センターの開設　154／３）児童発達支援センターの概要と求められる役割　155／４）児童発達支援センターを中核とした連携　159

　(2)　保健センターを中核とした連携　161

　　　　１）保健センター（市町村保健センター）の概要　161／２）障害の早期発見，早期支援の場としての健康診査　162／３）保健センターを中核とした連携　165

第８章　障害のある子どもの保育の今後の課題――――――――――――――168

1）障害のある子どももない子どもも，ともに主体的に活動できる保育の展開 168／ 2）家庭や他機関とのネットワーク，そして保幼小接続 170／ 3）"根拠ある情報に基づいた実践と提案（Evidence-Informed Practice）"の展開 172／ 4）放課後の生活 173

索　引 ―――――――――――――――――――――――――――――177

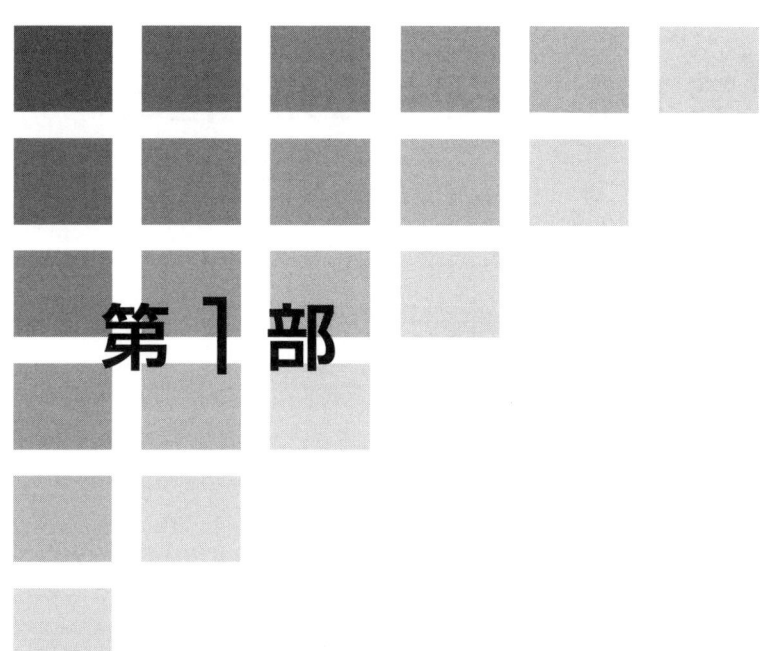

第1部

障害のある子どもの権利保障と実践の基礎

第1章　子どもの発達権と"障害"の理解

(1)　「障害」の理解

1)「障害」の概念

　「障害」について社会がどのように理解し，障害児者をどのように受け入れていくかについては，社会のしくみや経済構造，生活や文化の成熟度などによって変化する．1981年の国際障害者年をきっかけに，世界的にノーマライゼーションの理念の普及が図られ，障害者の権利宣言等の採択にもつながった．また，障害児者の権利保障のための取り組みが世界の共通課題となっていった．

　1993年，世界保健機構（WHO）は，「障害」を「機能不全」「能力障害」「社会的不利」の3つのレベルで構成される概念として提案した（ICIDH「国際障害分類」）．個人の「機能・形態」の不全が「障害」に直結するのではなく，それぞれのレベルへの移行によって社会的不利＝障害が生じることを示した．こうした障害の概念について，生活環境と本人の状態とのかかわりを分析し，「生活機能」とその背景となる環境要因の相互関係として示そうとしたものが2001年に採択された「ICF(International Classification of Functioning, Disability and Health)」である．ICFは，生活機能（functioning）を「心身機能・身体構造(body functions and structures)」「活動(activities)」「参加(participation)」の3つの構成要素を包括したものとして捉えた．社会への参加や活動の状況は「環境因子（environmental factors）」（生活の物的環境，社会的環境，人びとの態度など）や「個人因子（personal factors）」（年齢，性別，生育歴など）によって左

図1-1 ICFの構成要素間の相互作用

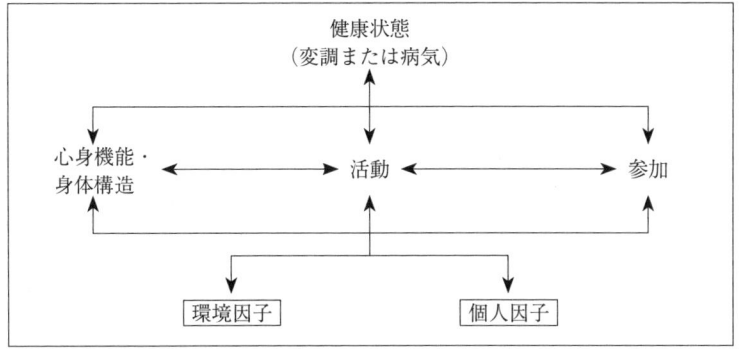

出所）水田和江・増田貴人編『障害のある子どもの保育実践 第2版』学文社 2013年 p.6

右され，生活機能を促進したり，阻害したりすることを示したものである．

つまり，ICFの「障害」の概念は，個人の機能障害とする「医学モデル」か，社会環境に起因するとした「社会モデル」かに二分して捉えるのではなく，それらの「統合モデル」として説明をしようとするところに意味があるといえる．

障害児（者）にとってのノーマライゼーションを達成するためには，教育や就労，支援制度などの充実，地域住民の理解などの生活環境が，障害の特性，生育歴などの個人の状態に応じて整備され，家庭や社会への参加・活動が十分に保障されるということだといえる．

2）障害児（者）の定義と権利保障

国際生活機能分類「ICF」による障害の概念は，ノーマライゼーションを実現するための活動や支援のしくみを策定する際の方向性を示すものとなっている．わが国でも教育，福祉，医療，就労などの幅広い領域で，対象者を定義したり，法制度や援助に関する仕組みを策定するなどの際に，その指針となっている．

第 1 部　障害のある子どもの権利保障と実践の基礎

① 障害の定義

障害者基本法第 2 条（2013 年改定）では，障害者の定義を「身体障害，知的障害，精神障害（発達障害を含む），その他の心身の機能の障害（以下障害と総称する）がある者であって，障害及び社会的障壁により継続的に日常生活又は社会生活に相当な制限を受ける状態にあるもの」と定めた．これまでは，個々の心身の状態を一定の基準にしたがって分類し，福祉や医療サービスの対象として認定してきたが，ここでは障害の発生要因を社会環境との関係で把握し，より障害児（者）のインクルージョンに配慮した内容となった．

また，障害者自立支援法（2006 年）が「障害者の日常生活及び社会生活を総合的に支援するための法律」（以下「障害者総合支援法」とする）（2013 年）と改正された際には，これまで障害別に対象や支援サービスを定めていたしくみを，障害種別にかかわりなく，生活上の必要性に応じて，また，本人の意思を反映した形で支援方法を決定していく仕組みとした．この法律では，「治療方法が確立していない疾病その他の特殊の疾病」が法の対象となり，支援の幅もより拡大された．

② 障害児者の権利

a　障害者の権利に関する条約

「障害者の権利に関する条約」（2007 年）では，障害児（者）が，世界人権宣言および人権に関する国際規定に掲げるすべての権利および自由を差別なく享受できるように，締約国に求めている．また，「障害者の大多数が貧困の状況下で生活している事実を強調し，また，この点に関し，貧困が障害者に及ぼす悪影響に対処する」ことが必要であり，十分な保護をすることが必要であることを明文化している．

さらに，障害のある児童については，

- 「他の児童と平等にすべての人権及び基本的自由を完全に享受する」ことができるように必要な措置をとること（第 7 条）

- 「家庭生活について平等の権利」を認め,「障害のある子どもを隠匿,遺棄,放置などを防止するために,その家庭に包括的な情報,サービス支援を早期に提供」すること(第23条)
- 家庭が「障害のある児童を監護することができない場合」には「地域社会の中で家庭的な環境により代表的な監護を提供するようあらゆる努力を払う」などが保障されることになっている.

b 児童の権利に関する条約[4)]

「児童の権利に関する条約」では,条約に定められるすべての権利は,子どもの心身の障害によって差別されることなく保障される(第2条)ものであり,子どもの置かれている状況にかかわらず,その権利が尊重されなければならないことを示している.さらに第23条では,「障害のある児童の養護に関する権利,障害に応じた適切な養護を行うための養育者への援助,その援助が可能な限り無償で与えられること,障害を有する児童が可能な限り社会への統合及び個人の発達(文化的及び精神的な発達を含む)を達成することに資する方法で教育,訓練,保健サービス,リハビリテーションサービス,雇用のための準備及びレクリエーションの機会を実質的に利用し及び享受することができるように行われる」と述べて,個人の発達や社会への統合について幅広い活動に参加する権利を認めている.

障害のある子どもが,他の子どもと同様の権利を保障されるだけでなく,そのための家庭への支援や教育,医療,福祉,文化的な活動への参加などが,可能な限り無償で受けることができることを明らかにしたといえる.

「障害者の権利に関する条約」や「児童の権利に関する条約」に定められた権利は,その人が,人としての生命の営みを始めたときから実現されるものでなければならない.また,障害のある子どもにとっては,その障害の状況と子どもの発達に即した方法で教育,医療,生活,遊びなどが,自立と社会への統合を達成することができるように,関係するさまざまな制度や援助方法が整備される必要がある.

c 「障害者虐待の防止，障害者の養護者に対する支援等に関する法律」等[5]

近年，障害児（者）に対する人権侵害や，養護者や施設職員からの虐待が増加している実態が，マスコミ等で報道されるようになっている．さらにわが国の法制度について，国際規約に沿った法制度を整備することが求められている状況を踏まえ，2013年6月に「障害者虐待の防止，障害者の養護者に対する支援等に関する法律」が施行された．

この法律は，「虐待の予防及び早期発見その他の障害者の虐待の防止等」に関する国などの責務，障害者の「保護」と「自立支援」のための措置，さらに養護者の負担を軽減するための「養護者に対する支援」の措置を定めることで，養護者や障害者福祉施設従事者，使用者などからの虐待を防止することを目的としている．障害児（者）が自立した個人として尊重され，差別されることなく社会参加をするためには，人としての尊厳を損なう虐待を防止することがきわめて重要である．障害のある子どもの場合は，被虐待の事実を告げることも困難な場合が多い．子どもの発達支援に携わる者は，法の順守はもちろんであるが，より鋭い人権感覚と細やかな配慮を身に付けておく必要がある．

同時期に「障害を理由とする差別の解消の推進に関する法律」[6]も公布された．この法律は，「基本的人権を享有する個人としてその尊厳が重んぜられ，その尊厳にふさわしい生活を保障される権利を有する」ことを踏まえて，行政や事業者による差別を解消する措置を定め，「国民が相互に人格と個性を尊重しあいながら共生する社会を実現する」ことを目的として施行されたものである．

障害のある子どもの場合，自分の思いや意見を伝える手段を十分に確保していないことが多い．そのため虐待や差別の状況を訴える機会も制限されているのが現状である．障害児者の虐待や差別の禁止に関わる法律の周知と同時に，障害児（者）に関わる専門職者は，日常生活のあらゆる場面で，虐待や差別を排除する具体的な実践を行うことが重要となる．

3) 障害のある子どもの現状

　厚生労働省が行った「生活のしづらさなどに関する調査」（全国在宅障害児・者等実態調査　2011年）によると，18歳未満の療育手帳を所持している者は151,900人（全体の14.4%），身体障害者手帳を所持している者は727,000人（全体の約2%）となっている[7]．発達障害のある子どもについては明確な数字がだされていないが，文部科学省が行った調査によると，小中学校の通常学級に在籍する子どものうち，「学習面で著しい困難を示すもの」が4.5%，「不注意又は多動性―衝動性の問題」を示すものが3.1%，「対人関係やこだわりなどの問題」を著しく示すものが1.1%となっている（「発達障害をもつトータルな医療・福祉・教育サービスの構築にむけてかかわる調査研究」2012年）[8]．発達が著しく，発達の個人差も大きい乳幼児期は子どもの活動もさまざまな様相をみせ，発達障害とそうでない子どもの境界を特定することは難しく，実態の把握は十分ではない．

　現在，保育所・幼稚園に入園している障害のある子どもや集団のなかで特別に配慮が必要といわれる乳幼児の数は，年々増加しているといわれている．これは，社会的な関心が高まっていることに加え，診断方法も年々精度を増し，障害の状態や早期の発見もしやすくなってきているためと思われる．今後，実態に即した環境整備や人材の確保，保護者の相談，子育て支援などの生活支援サービスの充実を図ることが求められる．

(2) 障害のある子どもの発達権保障とその課題

　近年の経済格差の問題は，子どもの生活基盤となる家庭環境に大きな影響を与え，教育や健康上の問題，さらに虐待の増加などといったさまざまな問題の背景となっている．とくに，障害のある子どもへの影響は大きいと思われ，「障害者の権利に関する条約」でも，貧困への対策が必要であることについて

注意を促している．

　国連の児童の権利委員会は，わが国の児童の権利保障のための法制度等の整備や活動の取り組みの進捗状況について報告を求めていたが，2010年，その報告書がまとめられた．そのなかで，わが国は「障害のある児童への支援についても，障害のある児童が他の児童と平等に人権及び基本的自由を完全に享有することを確保するための必要な措置をとる」「児童の最善の利益の考慮，障害者を包容する教育制度及び生涯学習の確保といった同条約の理念も踏まえて」経済格差や虐待問題への対応が必要と報告するとともに，「障害のある児童を包容する教育のための必要な設備を学校に設置し，児童が希望する学校を選択し又は彼らの最善の利益に従い通常の学校と特別支援学校との間を転校できることを確保する」「教師，ソーシャルワーカー，保健・医療・治療・養護従事者をはじめとして，障害のある児童とともに活動している職業従事者に対し研修を行う」[9]などを約束している．

　これを受けて，2013年6月に「子どもの貧困対策の推進に関する法律」を施行した．この法律では，子ども等に対する教育の支援，生活の支援，就労の支援，経済的支援の施策を整え，「子どもの将来がその生まれ育った環境によって左右されることのない社会を実現する」ために，国や地方公共団体の関係機関が総合的な連携を取りながら進めていくことが定められた．つまり，親の経済状況に左右されることなく，「児童の権利に関する条約」に定められる児童の権利が保障されるよう，国や地方公共団体のより積極的な取り組みが定められたといえる．

　障害のある子どもの場合，その障害の特性に応じた適切な環境が配慮されることは，二次的障害の発生を防ぐ意味からも重要である．そのためには，経済状況に左右されることなく，次の点について配慮される必要がある．

　第1は，障害の早期発見と療育の体制を確立することである．

　早期発見の仕組みは，乳幼児期の健診体制が全国的に定着していった頃とほぼ並行して確立していった．乳幼児期の健診は発達の様子を継続的に観察し，

障害の発現を早期に発見しようとしたものである．しかし，障害が早期に発見されても，その後の教育，福祉，医療などが包括的に保障されなければ，保護者の不安をいたずらにあおることになってしまう．そこで，早期療育の必要性が強調された．

　このことは，発達障害のある子どもへの支援に注目が集まると，その必要性が再度見直されるようになった．発達障害のある子どもは，保護者や保育者が子どもの行動の予測がつきにくかったり，対応に困惑したり，育児のなかで「困った」感を持っても，障害との境界を明確に区分することは難しいことが多い．そのために，早期発見が難しく，適切な療育や支援が受けられないことがある．また，周囲が不適切な関わりをすることで，二次的障害につながることもある．障害の早期発見と適切な療育，訓練，保育の場を用意することと，この間の保護者への助言，支援の体制を確立する必要がある．

　第2は，養護者への指導・助言と子育て支援の体制を整えることである．

　「児童の権利に関する条約」(第18条)では，子どもの養育について，原則として家庭で養育されるべきであり，子どもは保護者とともに生活できるように，家庭が生活の拠点となるように，批准国が制度や支援体制を整えるように求めている．障害のある子どもの養育については，専門機関や専門職者のチームによる保護者支援ができるように，地域環境の整備が必要である．また虐待防止についても，法的な整備とともに，支援体制の充実が求められている．

　第3は，子どもの意見表明権の保障と，遊び集団や地域でのインクルージョンの態勢を整えることである．

　わが国の児童の権利保障の課題のひとつに，乳幼児の意見表明権があげられている．このことは，当然，障害のある子どもの権利としても保障されなければならない．子ども自身の選択として，自分の生活の場や学ぶ場，だれとどのように過ごしたいのかについて，本人の意思が尊重される．障害のある子どもには，同年齢・異年齢の子ども集団のなかで，体験を通して社会生活に必要な知識や技術を身に付けることが必要である．またそのために周囲からの支援が

必要となる.

　近年では，子どもの成長・発達，学びの活動を，地域との連携でより豊かにしようとする試みが行われている．子どもにかかわる大人は，障害のある子どもの権利擁護の視点を身に着けておく必要がある．

　以上の課題には，子どもの発達権と生活権の保障という2面から取り組むことが重要である．集団的な保育・教育現場のなかで，発達障害のある子どもたちがどのような環境で学習するのかということは，子どもの発達保障の重要な課題である．加えて，乳幼児期からさまざまな集団や生活場面に参加し，「生活する力」を学習できる環境をつくること，またそれを発達の状況にあわせて継続していくことが，インクルージョンの実現につながる．

注）
1)「国際生活機能分類―国際障害分類改訂版―」(日本語版)　厚生労働省社会・援護局障害保健福祉部企画課　2002年（http://www.mhlw.go.jp/houdou/2002/08/h0805-1.html)
2), 3), 4), 5), 6) 保育福祉小六法編集委員会編『2013年版　保育福祉小六法』みらい　2013年
7) 内閣府編集『障害者白書（平成25年版）』2013年
厚生労働統計協会『国民の福祉と介護の動向　2013/2014』2013年
厚生労働省　社会・援護局障害保健福祉部「平成23年生活のしづらさなどに関する調査（全国在宅障害児・者等実態調査）」2013年（http://www.mhlw.go.jp/houdou/2002/08/h0805-1.html)
8) 文部科学省初等中等教育局特別支援教育課「通常の学級に在籍する発達障害の可能性のある特別な教育的支援を必要とする児童生徒に関する調査結果について」2012年（http://www.mext.go.jp/a_menu/shotou/.../1328729_01.pdf)
9) 児童の権利委員会最終見解「第3回日本政府報告に関する児童の権利委員会からの質問事項に対する日本政府回答（仮訳）」2010年（www.mofa.go.jp)

第2章　障害児保育の歩みと現状

(1) 障害児保育の歴史

1) 戦後から1950年代

　1947年12月，児童福祉法が公布された．当時，わが国は第2次世界大戦後の混乱期にあり，国民の生活は窮乏をきわめていた．その中でも，保護者や家庭を失った要保護児童の問題は，戦後の混乱期を象徴する問題のひとつとなっていた．そしてそれらの児童のなかに，知的障害のある児童が「無視できないほど」[1]いたとの指摘もある．

　これらの緊急の課題に対処するため，当初は「要保護児童の救済」を目的とした法案が検討されていたが，子どもたちが二度と悲惨な状況におかれないために「すべての児童」の生存権・発達権を守ることを理念とした児童福祉法が制定された．

　この戦後の復興期に，障害のある子どもにはどのような対応がなされていたのであろうか．

　児童福祉法では，障害児施策として「精神薄弱児施設」[2]と「療育施設」が定められていた．「精神薄弱児施設」は「精神薄弱の児童を入所させて，これを保護するとともに，独立自活に必要な知識技能を与えることを目的とする施設」として，「療育施設」は，「身体の虚弱な児童に適正な環境を与えて，その健康増進を図ることを目的とする施設又は身体の機能の不自由な児童を治療するとともに，独立自活に必要な知識技能を与えることを目的とする施設」とし

て設置された．1949年には，「療育施設」から「盲ろうあ児施設」が分離され，1950年には，「療育施設」が「虚弱児施設」と「肢体不自由児施設」の2つに置き換えられた．しかしながら，これらは「学齢期の障害のある子どもが主として対象となる施策」[3]であった．1957年には，通園施設として「精神薄弱児通園施設」が新設された．この「精神薄弱児通園施設」の対象は，「満6歳以上で，就学義務の猶予または免除受けた者」とされ，「就学猶予」や「就学免除」を受けた子どもに対する「福祉的な受け皿」[4]となっていた．

保育所でも障害のある乳幼児が在籍していたが，制度上，保育所への入所要件は「保護者の労働又は疾病等の事由により，その監護すべき乳児又は幼児の保育に欠けるところがあると認めるとき」と定められていた．この「保育に欠ける」の要件には，障害のある児童を前提とするものではなかった[5]．

一方，1957年に制定された教育基本法では「教育の機会均等」が定められ，同年に制定された学校教育法で「盲学校」「聾学校」「養護学校」について，「盲者，聾者，知的障害者，肢体不自由者若しくは病弱者に対して，幼稚園，小学校，中学校又は高等学校に準ずる教育を施す」学校とし，「幼稚部」を置くことができるとした．しかし，「幼稚部」の設置はなかなか進まなかった．また，幼稚園においても，障害のある子どもの入園は困難な状況であった．

1950年代，障害のある子どもへの対応の多くは，学齢期の児童を対象とするものであり，障害のある幼児のほとんどは在宅での生活を余儀なくされていたのであった．

2) 1960年代〈制度化に向けて〉

1960年代は，障害のある子どもの存在が社会的に注目されるようになり，保育や教育の「場」が求められるなど，「障害児保育」の制度化に向けた「下地づくり」[6]がなされた時期であった．

1963年，中央児童福祉審議会の保育制度特別部会は「保育問題をこう考え

る（中間報告）」を出し,「保育に欠ける状況」について「こどもの心身の発達にとって不可決なものを与えなくする状況を，保育に欠ける状況と定義すべきである」として,「児童の心身の障害によるもの」も含むように求めた．また，当面の対策として,「精神薄弱児などのこども自身に問題のある場合の特殊保育所制度も検討すべきである」などの提言をした．これまで，保育所の対象として障害のある幼児が考慮されることはなかったが，ここに「障害幼児対策が保育とのかかわりをもって登場[7]」したといえる．

次いで1968年,「当面推進すべき児童福祉対策に関する意見具申」（中央児童福祉審議会）を行い，通園施設の設置と充実について提言した.「肢体不自由児通園施設」を「幼少の肢体不自由児を家庭から通わせて保護者との緊密な連繋のもとに適切な療育を行なうことを目的とする独立の肢体不自由児通園施設を地域ごとに設置することが必要である」とするとともに,「精神薄弱児施設」を「従来主として6歳以上の通園可能な精神薄弱児を対象としていたが，今後は，児童相談所において精神薄弱と判定された幼児であって精神薄弱児通園施設において指導訓練を受けることを適当とするものも対象とすべきである」とした．

一方，1960年代は，障害のある子どもをもつ保護者らによる「親の会」の設立が相次いだ時期でもあった．1952年の「精神薄弱児育成会（手をつなぐ親の会）」を皮切りに,「全国肢体不自由児父母の会連合会」（1960年),「全国重症心身障害児育成会」（1964年),「自閉症児親の会」（1967年）が設立され，障害のある子どもの発達権保障の運動が進められることとなった．

3）1970年代〈「障害児保育」の幕開け〉

1970年代は,「障害児保育」が制度化され，障害のある子どもの保育の機会が拡大された時期といえる[8]．

1972年，中央児童福祉審議会の意見具申を受け，厚生省は「心身障害児通

園事業実施要綱」を定めた．「市町村が通園の場を設けて心身に障害のある児童に対し通園の方法により指導を行ない，地域社会が一体となってその育成を助長すること」を目的とし，「精神薄弱，肢体不自由，盲・ろうあ等の障害を有し，通園による指導になじむ幼児」を対象とした．この通園事業の定員は20名とされ，「親子教室」や「通園教室」などとして展開されたが，毎日通園できるほどの受け入れ人数枠はなく，また，その役割は障害の重い子どもを養育する親のレスパイトに重点がおかれたものであった[9]．

その翌年，中央児童福祉審議会は「当面推進すべき児童福祉対策について」（中間答申）のなかで，「心身障害児の保育」について，「障害の種類と程度によっては障害児を一般の児童から隔絶することなく社会の一員として，むしろ一般の児童とともに保育すべき」という機運の高まりを受けて「保育に欠ける障害児」の保育に関する条件整備を具体化するように求めた．

これを受けて，1974年には，厚生省児童家庭局長通知「障害児保育事業の実施について」で，「保育事業の多様化する傾向の中で新たな試みとして心身障害児の福祉の増進をはかるため程度の軽い障害児を保育所に受け入れ一般児童とともに集団保育する」方針が打ち出された．この中で，障害児保育の目的を「保育に欠ける程度の軽い心身障害を有する幼児を保育所に入所させ，一般の幼児とともに集団保育することにより，健全な社会性の成長発達を促進するなど，障害児に対する適切な指導を実施することによって，当該障害児の福祉を増進すること」とした．「対象」は「おおむね4歳以上の精神薄弱児，身体障害児等であって，原則として障害の程度が軽く，集団保育が可能で，日々通所できるもの」とした．職員は，障害のある幼児4人に対し保育士1人を配置することになった．同じく1974年，文部省は，「心身障害児幼稚園助成事業補助金交付要綱」と「私立幼稚園特殊教育費国庫補助金制度」を定めた．私立幼稚園では，障害のある子ども10名以上が在園する場合に補助金が支給され，障害のある子どもの保育の受け入れができるようにしたものである[10]．

さらに，1978年には厚生省児童家庭局長通知の内容の改正が行われ，「保育

所に受け入れる障害児は，一般的に中程度まで」で，「集団保育が可能で日々通所できるもの」となった．具体的には「4歳以上」とされていた年齢制限はなくなり，障害の程度も「中度の障害」までと対象が拡大された．また，補助金の交付制度も，それまでの「指定保育所方式」から「一般保育所方式（人数加算方式）」へ改められ，障害のある子どもを受け入れる保育所が格段に増えることになった．

4）1980年代〈「障害児保育」の定着〉

　1980年代は，「国際障害者年」（1981年）をきっかけに，障害のある人の人権に対する取り組みが大きく前進し，障害のある子どもの保育についてもその充実がはかられた時期である．

　中央心身障害者対策協議会は「国内長期行動計画の在り方について」（1982年1月）意見具申では，「早期療育の普及により」「入所児・通所児の低年齢化が進んでいる．一方，特殊教育諸学校幼稚部，幼稚園更には保育所においても障害児への対応が行われている．このため低年齢化に対応した施設機能の多角的充実を図るとともに，施設における療育と学校教育との連携，協力関係を更に推進していく必要がある」と述べている．

　この時期，障害のある子どもの状況をみると「精神薄弱児施設（自閉症児施設を含む），肢体不自由児施設，盲・ろうあ児施設，重症心身障害児施設及び精神薄弱児，肢体不自由児，難聴幼児のそれぞれの通園施設が設けられ，施設数において920施設，措置児童総数は50,000人」を数え，「保育所においても保育に欠ける障害児であって集団保育になじむものについてのいわゆる障害児保育が全国的に実施されるようになってきている」．つまり，保育所や幼稚園，児童福祉施設などにおいて障害のある子どもへの対応が，拡大し，定着しつつあるということを示したものである．

　1982年8月，中央児童福祉審議会の障害関係3特別部会は，「心身障害児

(者)福祉の今後のあり方について」をとりまとめ,「障害の有無にかかわらず,すべての児童にそれぞれのもっている可能性を最大限に発揮させることに十分留意しなければならない.とくに心身に障害を有する児童については,社会連帯の精神に基づき,障害の故にこうむる不利益をカバーするための各般の措置が必要なのである」と述べるとともに,「心身障害児(者)が地域の一員として,その中で生活していくためには,地域の理解と協力を得ることが不可欠の条件である」として,「地域社会に根ざした福祉施策の展開」を提言した.

1989年,保育所における「障害児保育」は,乳児保育や延長保育とともに「特別保育事業」のひとつとして行われることになった.

5) 1990年代〈通園施設の見直し〉

1990年代は,養護学校義務化以降の変化に応じた「障害児通園施設」の見直しが進められるとともに,地域で生活する障害のある子どもへの支援が拡充された時期である.

中央児童福祉審議会は1996年以降,障害のある子どもの療育・訓練等に関して相次いで意見具申を行い,療育・訓練等に関わる施策の改正を行った.

まず,障害のある子どもの療育・生活の場を拡充することを目指して,障害の特性に十分配慮して受け入れることを条件に,3種の通園施設を一本化する方向を示した.また,重症心身障害児も家庭から切り離すことなく,通園による療育・訓練等を推進する方針を打ち出した.その結果「障害児(者)地域療育等支援事業」と「重症心身障害児(者)通園事業」が開始された.

「障害児(者)地域療育等支援事業」は,指定された支援施設が巡回相談や保育所等への訪問などを行うものであった.「重症心身障害児(者)通園事業」は,重症心身障害児施設などに通園するものに対して,日常生活動作や機能訓練等を行うものであった.

続いて1998年には「障害児通園施設の相互利用制度について」(厚生省大臣

官房障害保健福祉部長通知）と，「障害児通園施設の相互利用制度の取扱いについて」（厚生省大臣官房障害保健福祉部障害福祉課長通知）によって，「障害児通園施設の相互利用制度」がはじめられ，「精神薄弱児通園施設」「肢体不自由児通園施設」「難聴幼児通園施設」で，それぞれ障害種別の異なる児童を受け入れることが可能になった．

さらに，中央児童福祉審議会は，「今後の知的障害者・障害児施策の在り方について」（1999年）意見具申を行い，「地域での療育機能等の充実」のために，「障害児（者）地域療育等支援事業の充実」，「障害児通園施設の相互利用制度の普及促進」，「重症心身障害児（者）通園事業の普及促進」の3事業を推進し，障害のある子どもに関する事務の市町村への委譲などについて提案した．

6）2000年代・2010年代〈「福祉の見直し」とともに〉

1998年以降，社会福祉基礎構造改革が推進され，2000年には「社会福祉の増進のための社会福祉事業法等の一部を改正する等の法律」と，それに関連する福祉関連8法の改正，福祉サービスの「措置から契約」制度への移行が行われた．

障害のある子どもの保育，療育等の関しては，2003年4月に「補助事業」として行われてきた「障害児保育事業」が，交付税による一般財源化措置へと移行した．これにより，地方交付税算定対象として，対象児童4人につき保育士1人の配置ができるような地方財政措置がとられた．このことは「すべての市町村にとって，住民の共同の福祉のために行う固有事務として障害児保育事業が位置づけられた[11]」とされる一方，「補助金という明確な事業費に裏打ちされなくなり，市町村の危機的財政状況のもとで障害児保育が後退させられないか危惧されている[12]」との指摘もあった．しかしその後，2007年4月，障害児保育事業の対象となる障害の程度が「軽度の児童」まで拡大され，同年「障害のある児童：保育士」が「2：1」に配置できるように地方交付税の拡充もは

からた.

一方,障害者関係では,2005年4月,発達障害者支援法が施行された.この法では「発達障害」の定義（第2条）を,「自閉症,アスペルガー症候群その他の広汎性発達障害,学習障害,注意欠陥多動性障害その他これに類する脳機能の障害であってその症状が通常低年齢において発現するものとして政令で定めるものをいう」とした.また,第7条においては,「市町村は,保育の実施に当たっては,発達障害児の健全な発達が他の児童と共に生活することを通じて図られるよう適切な配慮をするものとする」と規定された.

2006年10月に,障害者自立支援法が本格施行され,このことに関連して児童福祉法で対応していた「児童デイサービス」は,障害者自立支援法の「介護給付」に組み込まれることになった.しかし,2012年には,「重症心身障害児（者）通園事業」と合わせて,障害のある児童の福祉事業として,児童福祉法に集約された.さらに,同年障害者自立支援法が改定され,「障害者の日常生活及び社会生活を総合的に支援するための法律」（「障害者総合支援法」）が施行されたことで,その事業体系も変更された.

2007年4月には,障害児保育事業の対象となる障害が軽度のものまで拡大された.また,学校教育法の改正によって「特殊教育」が「特別支援教育」と改められ,幼稚園などでも特別支援教育を行うことが法律上位置付けられた.[13]

現在,「障害児施設（入所・通所）」や事業の体系は「障害児通所支援」と「障害児入所支援」に改められた（図2-1参照）.

「児童デイサービス」「重症心身障害児（者）通園事業」は,「福祉型児童発達支援センター」または「児童発達支援事業」となり,障害のある子どもの生活施設である「知的障害児施設」（自閉症児施設）「盲・ろうあ児施設」「肢体不自由児施設」（肢体不自由児療護施設）「重症心身障害児施設」は,「障害児入所施設」に一元化された.「障害児入所施設」には,生活を中心とする「福祉型」と医療的ケアの必要な児童が入所する「医療型」を設置し,それぞれの機能に応じた職員配置をしている.

図2-1 「障害児施設」と事業の体系

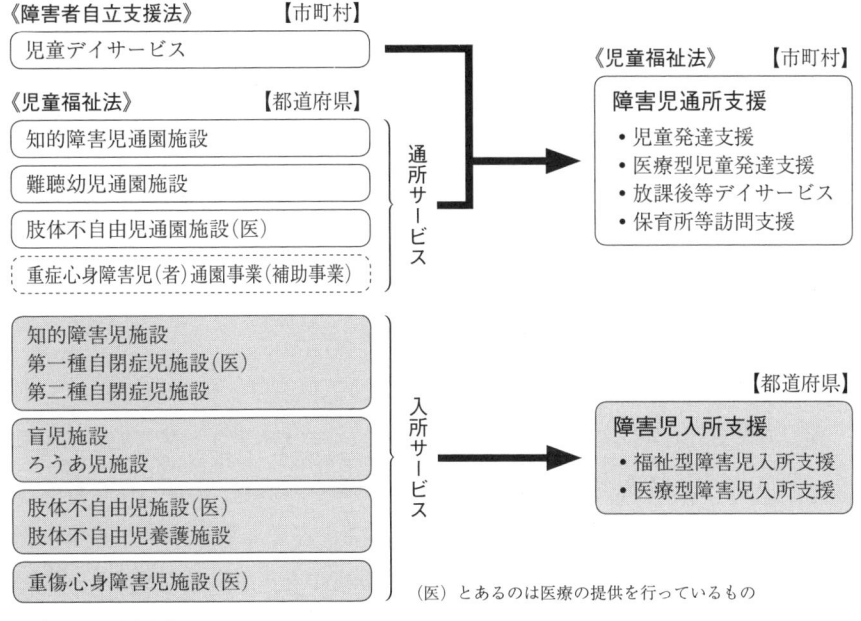

《障害者自立支援法》　【市町村】
- 児童デイサービス

《児童福祉法》　【都道府県】
- 知的障害児通園施設
- 難聴幼児通園施設
- 肢体不自由児通園施設(医)
- 重症心身障害児(者)通園事業(補助事業)

- 知的障害児施設
  第一種自閉症児施設(医)
  第二種自閉症児施設
- 盲児施設
  ろうあ児施設
- 肢体不自由児施設(医)
  肢体不自由児養護施設
- 重傷心身障害児施設(医)

通所サービス

入所サービス

《児童福祉法》　【市町村】
- 障害児通所支援
  ・児童発達支援
  ・医療型児童発達支援
  ・放課後等デイサービス
  ・保育所等訪問支援

【都道府県】
- 障害児入所支援
  ・福祉型障害児入所支援
  ・医療型障害児入所支援

(医)とあるのは医療の提供を行っているもの

出所）厚生労働省資料

「児童発達支援センター」では，訪問支援員が保育所等を訪問して，障害のある幼児やそのスタッフに対して，専門的な支援を提供する「保育所等訪問支援」も開始された．

(2) 障害児保育の現状

障害のある子どもの「保育の場」は，保育所，幼稚園，障害児入所施設などさまざまな広がりをみせてきている．

障害のある子どもが日中過ごす場所（「日中活動の場」）をみると，未就学の身体障害のある児童の「日中活動の場」は，「自宅」が34.4％，「保育所」が32.8％，「幼稚園」が16.4％，「通園施設」が11.5％，「障害児通園事業」が

3.3％,「その他」が1.6％となっている.「自宅」以外では,「保育所」で過ごす児童が最も多かった.(「身体障害児・者実態調査」2008年)

また,知的障害のある未就学児の「日中活動の場」は,「自分の家」が35.9％,「通園施設」が29.8％,「保育所」が16.0％,「幼稚園」が7.7％,「養護学校幼稚部」が1.0％,「その他」が4.9％となっている.「自分の家」以外では,「通園施設」,「保育所」,「幼稚園」と続いていた.(「知的障害児(者)基礎調査」2005年度)

1)保育所

保育所における障害のある児童の受け入れについてみると,障害のある児童を受け入れている保育所は7,260ヵ所,対象の児童は39,557名であった(2008年).対象児童の内訳としては,「発達障害」が最も多く,「軽度の知的障害」「重度の知的障害」「重度の身体障害」「軽度の身体障害」の順となっている(図2-2参照).

図2-2 保育所において保育を受ける障害のある児童の内訳

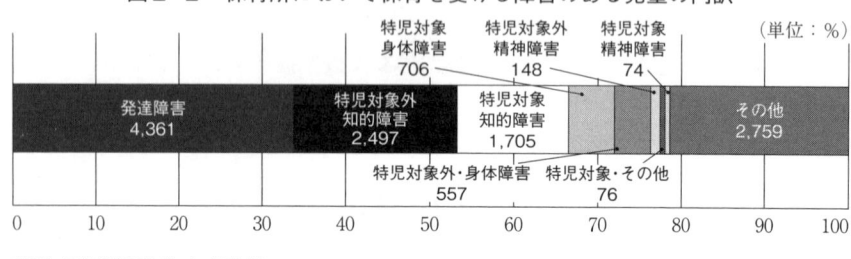

出所)厚生労働省資料(一部改変)

障害児数に対する保育士の配置の状況は,「障害のある児童:保育士」が「3:1」の市が31.3％と最も多く,「2:1」の市が17.6％であった(図2-3参照).

図２−３　障害のある児童に対する保育士の配置基準の状況

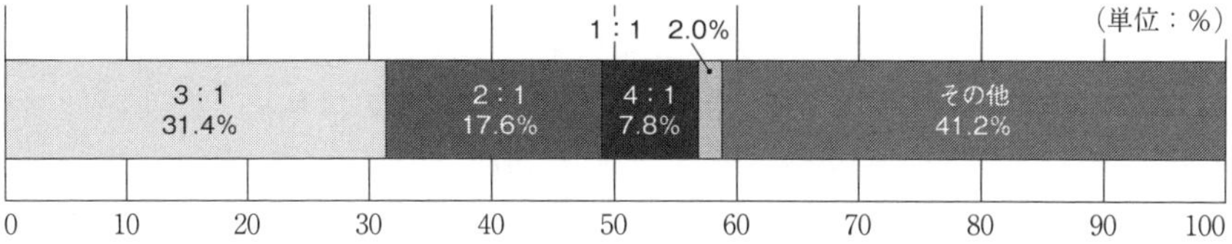
（単位：％）
1：1　2.0%
3：1
31.4%
2：1
17.6%
4：1
7.8%
その他
41.2%
0
10
20
30
40
50
60
70
80
90
100

出所）厚生労働省資料（一部改変）

2）幼稚園

2007 年度からの「特別支援教育」の開始とともに，幼稚園においても障害のある子どもの保育がより積極的に取り組まれるようになっている．2008 年の「特別支援教育体制整備状況調査」によれば，校内委員会設置済みの幼稚園の割合は 55.0%，実態把握の実施済みは 87.8%，特別支援教育コーディネーターの指名済みは 60.9%，個別の指導計画の作成済みは 42.5%，個別の教育支援計画の作成済みは 33.7%，巡回相談員の活用済みは 72.4%，専門家チームの活用済みは 72.4%，専門家チームの活用済みは 54.7%，特別支援教育に関する教員研修の受講済みは 60.9%であった．

なお，私立幼稚園に対しては，「私立高等学校等経常費助成費補助金」の中の「幼稚園特別支援教育経費」による補助が行われている．

3）保育所を除く児童福祉施設および支援事業

「障害児入所施設」は障害児を入所させて，「保護，日常生活の指導及び独立自活に必要な知識技能の付与」を行う「福祉型障害児入所施設」と，「保護，日常生活の指導，独立自活に必要な知識技能の付与及び治療」を行う「医療型障害児入所施設」の２つがおかれている．

「児童発達支援センター」は，「障害児を日々保護者の下から通わせて，当該各号に定める支援を提供することを目的とする施設とする」で，「日常生活に

おける基本的動作の指導，独立自活に必要な知識技能の付与又は集団生活への適応のための訓練」を行う「福祉型児童発達支援センター」と，「日常生活における基本的動作の指導，独立自活に必要な知識技能の付与又は集団生活への適応のための訓練及び治療」を行う「医療型児童発達支援センター」の2つがおかれている．

児童福祉法にもとづく障害のある児童へのサービスは，「障害児入所支援」と「障害児通所支援」に分けられる．「障害児入所支援」は，「障害児入所施設に入所し，又は指定医療機関に入院する障害児に対して行われる保護，日常生活の指導及び知識技能の付与並びに障害児入所施設に入所し，又は指定医療機関に入院する障害児のうち知的障害のある児童，肢体不自由のある児童又は重度の知的障害及び重度の肢体不自由が重複している児童（以下「重症心身障害児」という.）に対し行われる治療をいう」となっている．

また，「障害児通所支援」は，「児童発達支援」「医療型児童発達支援」「放課後等デイサービス」「保育所等訪問支援」から構成されている．

「児童発達支援」は，「障害児につき，児童発達支援センターその他の厚生労働省令で定める施設に通わせ，日常生活における基本的な動作の指導，知識技能の付与，集団生活への適応訓練その他の厚生労働省令で定める便宜を供与する」ものである．

「医療型児童発達支援」は，「上肢，下肢又は体幹の機能の障害のある児童につき，医療型児童発達支援センター又は独立行政法人国立病院機構若しくは独立行政法人国立精神・神経医療研究センターの設置する医療機関であって厚生労働大臣が指定するものに通わせ，児童発達支援及び治療を行う」ものである．

「放課後等デイサービス」は，「学校教育法第1条に規定する学校（幼稚園及び大学を除く）に就学している障害児につき，授業の終了後又は休業日に児童発達支援センターその他の厚生労働省令で定める施設に通わせ，生活能力の向上のために必要な訓練，社会との交流の促進その他の便宜を供与する」ものである．

「保育所等訪問支援」は，「保育所その他の児童が集団生活を営む施設として厚生労働省令で定めるものに通う障害児につき，当該施設を訪問し，当該施設における障害児以外の児童との集団生活への適応のための専門的な支援その他の便宜を供与する」ものである．

「障害児相談支援」は，「障害児支援利用援助及び継続障害児支援利用援助を行うことをいい，障害児相談支援事業とは，障害児相談支援を行う事業」となっている．

注）
1）細渕富夫「戦後精神薄弱児（者）施設処遇の変遷とノーマリゼーションの課題（上）」『長野大学紀要』第10巻第4号　1989年　p.28
2）「精神薄弱」の用語は，1999年4月施行の「精神薄弱の用語の整理のための関係法律の一部を改正する法律」によって，「知的障害」の用語に改められている．本稿は，歴史的内容を扱っており，法律や施設名などの名称は当時用いられていたものを用い，また引用文献の表現についてもそのままとした．
3）李木明徳「障害児保育の歴史と理念」『障害児保育』北大路書房　2009年　p.20
4）1957年の「文部省学校基本調査統計」によれば，「肢体不自由484名，精神薄弱690名，病虚弱527名，計1,701名しか就学していなかった」とされる．三島敏男「養護学校における就学義務及び養護学校設置義務と完全義務制実施をめぐって」『教育学研究』第43巻第2号　1976年　p.67
5）池田祥子「戦後日本の幼児教育・保育の理論課題」『こども教育宝仙大学紀要』第3巻　2012年　p.7
6）小川英彦「戦後日本の障害児保育の動向」『障害のある子どもの保育』みらい　2001年　p.92
7）1978年に行われた全国保育協議会・全国父母の会による調査によると，「回答のあった8,178ヵ所のうち3,631ヵ所，44.4パーセント」が障害幼児を受け入れていたとされている．小川英彦「戦後日本の障害児保育の動向」『障害のある子どもの保育』みらい　2001年　pp.94-95
8）末次有加「戦後日本における障害児保育の展開―1950年代から1970年代を中心に―」『大阪大学教育学年報』第16巻　2011年　p.176
9）『厚生白書（1974年）』には，「障害児の療育指導は，現在，心身障害児通園事業等により行われているが，軽度の障害児については，一般児童とともに保育を行うことが児童の成長に望ましい場合もあるので，今後保育所におい

ても軽度の障害児の保育を行うべきかどうかについて検討していく必要がある」との記述がみられる．障害の重い子どもに続き，障害の程度の軽い子どもへの対応として，保育所における対応の必要が認識されていたことが伺える．澤田英三「障害児保育の制度と変遷」『障害児保育』ミネルヴァ書房　2009 年　p.178

10) 澤田英三「障害児保育の制度と変遷」『障害児保育』ミネルヴァ書房　2009 年　p.180

11) 李木明徳「障害児保育の歴史と理念」『障害児保育』北大路書房　2009 年　p.26

12) 白石恵理子「障害児保育・療育」『キーワードブック障害児教育』クリエイツかもがわ　2005 年　p.211

13) 学校教育法第 81 条第 1 項では，「幼稚園，小学校，中学校，高等学校及び中等教育学校においては，次項各号のいずれかに該当する幼児，児童及び生徒その他教育上特別の支援を必要とする幼児，児童及び生徒に対し，文部科学大臣の定めるところにより，障害による学習上又は生活上の困難を克服するための教育を行うものとする」とし，第 2 項において，「知的障害者」，「肢体不自由者」，「身体虚弱者」，「弱視者」，「難聴者」，「その他障害のある者で，特別支援学級において教育を行うことが適当なもの」をあげている．

第3章 障害のある子どもの発達環境

(1) 障害のある子どもに必要な生活環境

1）早期発見と相談支援事業

　障害の早期発見は，その後の子どもの発達にとって重要な意味をもつ．1970年代に大津市で始められた乳幼児健診の方式は「大津方式」と呼ばれ，健診漏れをなくすことや障害のある子どもの早期発見とその後の療育・保育に繋げる先進的な取り組みとして定着し，全国のモデルとなった．現在では母子保健法に定める妊産婦・乳幼児健診に加え，発達障害者支援法成立以降は多くの地方自治体で5歳児健診も実施されるようになった．5歳児健診が実施されることで，これまで就学直前まで子どもの発達に不安を抱えて過ごしていた親に対して，早期に相談に応じることができるようになった．しかし，健診システムでスクリーニングされた保護者の相談に応じるだけでは，適切な療育や保育・教育に結びついていかない．この健診システムを有効に活用するためには，健診の結果と発達支援サービスを結ぶ相談体制，さらに支援計画から療育・保育等の実践にまでつなげることが必要となる．現在，地域によっては健診で得られた個々の情報を「相談・支援手帳（ファイル）」[1]に継続的に記録し，相談機関等関係機関が一貫した支援に活用できるようにもなっている．

　障害者自立支援法の改正（2012年）では，障害のある子どもやその家族の抱える問題について相談にのったり，適切なサービス利用のためのきめ細かなケアマネジメントを行うための計画相談支援・障害児相談支援事業を市町村が実

施することになった．これに関連して，児童福祉法に定められた児童発達支援センターでは，家庭などからの個別の相談に応じるとともに，サービス利用のための相談支援や支援計画の作成をすることになっている．また，保育所や幼稚園などを訪問して，障害のある子どもへの対応，養育方法等について保育者等からの相談に応じ，助言や指導を行うとともに，園全体での取り組みについても助言を行うことができるようになった．こうした地域の相談体制は，保護者が一人で子育ての不安や悩みを抱えこみ，孤立する状態を減らすことにつながる．

2）子育て支援と地域の役割

　家庭は，子どもの生活基盤であり，地域は子どもが自立するために必要な人間関係，社会行動の体験的学習の場でもある．どの子にとっても家庭や地域が安心して過ごせる場所であり，自分らしく成長していける場所でなければならない．しかし，近年の就労形態の変化や経済格差の影響は，「子どもの貧困」「教育の格差」を生み，さらに障害のある子どもや虐待を受けた子どもなど特別な支援が必要な子どもが増えている．「子ども・子育てビジョン」(2013年)では，こうした実情を反映し，児童の権利に関する条約に準じて「その育ちが等しく確実に保障される」ように取り組むとしている．

　この大綱では，「チルドレン・ファースト」を掲げ「目指すべき社会への政策4本柱と12の主要施策」を示した．その主要施策のひとつとして，「障害のある子どもへのライフステージに応じた一貫した支援の強化，障害のある子どもや発達障害のある子どもへの教育と保育などの支援等により，障害のある子どもへの支援に取り組みます」と述べ，障害のある子どもへの具体的な支援への取り組みとして，次のような項目をあげている．

○　ライフステージに応じた一貫した支援の強化
　地域において障害のある子どもとその家族を支えていく体制を整備するとと

もに，乳児期，就学前，学齢期，青年期，成年期などライフステージに応じて，保健・医療・福祉・教育・就労などの連携した支援を行う．

○　障害のある子どもの保育

　障害のある子どもの専門機関である障害児通園施設や児童デイサービスについて，地域への支援を強化する観点から支援を行うとともに，子どもの育ちに必要な集団的な養育のため，保育所や幼稚園等における障害のある子どもの受け入れ体制の整備促進を図る．

○　発達障害のある子どもへの支援の充実

　発達障害のある子どもの早期発見，早期の発達支援，ライフステージに対応する一貫した支援や家族への支援など，地域における支援体制の充実を図る．

○　特別支援教育推進

　インクルーシブ教育システムの構築という障害者権利条約の理念を踏まえ，発達障害を含む障害のある子ども一人ひとりのニーズに応じた一貫した支援を行うために，関係機関等の連携により学校現場における特別支援教育の体制整備を進めるとともに，教員の特別支援教育に関わる専門性の向上等により，特別支援教育の推進を図る[2]．

　「子ども・子育てビジョン」では，障害のある子どもの養育について，家庭だけでなく地域や保育・教育，関係行政機関とそこに所属する専門職員による支援体制を充実させることを約束している．

　幼稚園教育要領では，第3章第1「指導計画の作成にあたっての留意事項」で「特に留意する事項」をあげ，「障害のある幼児の指導にあたって，家庭や医療，福祉などの関係機関と連携して，個別の支援計画を作成すること，小学校の教師との意見交換会や合同の研究を行う」としている．また，幼稚園幼児指導要録を作成し，小学校との連携を図ることになっている．

　また，厚生労働省が2008年に改正した保育所保育指針では，家庭への支援の必要性と，小学校教育との連携のために保育所児童保育要録を作成すること

を定めている．

　さらに，2013年に文部科学省が出した「教育支援資料～障害のある子どもの就労手続きと早期からの一貫した支援の充実～」(2013年)には，乳幼児期から一貫した学習支援が行われることが重要であるとして，幼稚園・保育所・小学校の連携の必要性を謳っている[3]．

3）将来を見通した支援体制の構築

　今後，認定子ども園など保育の形態が多様化することが予想されるが，障害のある子どもの保育については，条件整備や専門職員の配置などについて，まだ，曖昧な点が多い．

　障害者の権利に関する条約や障害者基本法，障害者総合支援法など障害児者施策の方向性をみると，国際的にも，国内的にも，今後，障害のある子どもたちの生活の場が家庭や地域を中心としたものになることが予想される．

　障害のある子どもたちがどこで生活をしても，生涯を通してその権利を保障されることが重要である．そのためには子どもの将来を見通した支援体制を構築する必要がある．現状では，自立支援体制に次のような課題がある．

- ○ 障害のある子どもが自立のための経験を広げ，生活を選択できるように，本人のエンパワーメントを高める支援をする体制．
- ○ 家族が子どもの将来の姿を予想し，親と子のそれぞれの家族の形を選択することができるようにするための支援．
- ○ 共に生活できる地域の人間関係とインクルーシブな受け入れ体制と環境づくり．
- ○ 必要な時に，いつでも相談・支援を受けられる仕組み，人材育成，子どもにかかわる専門職者の確保．

　これらの課題は，障害のある子どもの将来の自立を見通しながら充実させていく必要がある．

(2) 障害のある子どもの発達理解

1) ありのままの子どもの姿からの出発

① 「いま（今）」の姿を大切に

　子どもたちは，産まれた時から日々主体的に行動し，その時々にもっている「生きる力」をもとに選択的に経験を積み重ね，生活をともにする人との関わりのなかから学び，成長・発達していく．こうした日々の生活の経験を1つひとつ丁寧に積み上げていくこと，自らの活動に共感的にかかわってもらえることが，次への発達に挑戦していく力となる．乳幼児期は，この「いま（今）」を充実させることがとくに大切な時期である．なかでも，自分の感情表現や意思表示をきちんと受け止めてもらえたという感覚は，自分自身が尊重されたという喜びにつながり，子どもたちは自らの存在の大切さを自覚し，意欲的に「生きる」活動に結びつけていく．さらに満ち足りた気持ちで人とのかかわりを楽しみ，次の活動への意欲を培う．また人と気持ちを共有することの楽しさを自ら広げるために，自分をコントロールする力も身に付ける．しかし，乳幼児期は，自己表現のための手段を習得していく途上でもあり，自分の思いをあるがままに伝えられないもどかしさを感じ，間違った表現方法を取ってしまう時期でもある．

　障害のある子どもの場合には，その障害の状況によって，主体的に行動する力，自己表現の手段の獲得は，さらに難しくなる．たとえば，身体的障害のある場合にはその環境によっては，子どもの主体的な活動が制限され，表現活動も制限されることが予想される．また，知的障害や発達障害のある場合には，行動の動機づけに必要な情報の理解が困難であったり，伝達手段を学習したり，身に付けることが困難であるために，主体的な活動の幅が狭くなったり，人との関わりを楽しむ経験が乏しくなることが予想される．

障害のある子どもの「いま（今）」の生活をみると、国連の国際生活機能分類ICFに示されたように、個人の因子（心身機能の状態や性別、年齢など）と環境因子（生活上の物的、人的環境など）が相互にかかわりあって、その活動全体が創られていることがわかる。障害のある子どもの「いま（今）」は、障害の一般的特性を基盤としつつも、独立した一人の人間としての生活環境（それまでの生活体験・人とのかかわりなど）と、そこでの経験、そこから生じる要求、その要求を理解してもらいたい自分と、自分なりに伝えようとする意欲によって型づくられる。子どもにはそれぞれに違う「いま（今）」の状態があり、それをもとにして「生きること」につながる「活動」をしたり、「参加」しようとする意欲を獲得したりする過程も違ってくる。

保育者からみると、障害をもつ子どもの発達の姿は、ときとして、「集団のなかで気になる」行動と感じられたり、障害からくる「困った行動」「理解しにくい行動」のように映ることがある。また保育者は、日々の保育実践のなかで集団として活動する子どもの姿を発達の基準として捉え、子どもの発達の在るべき姿と考えてしまうことが往々にしてある。たとえば「みんな、こっちに集まって！」といえば、指示にしたがって保育者の下に集まってくる子どもが当たり前の子どもの姿だと思い、行動できない子どもは発達に遅れがある、あるいは障害があると感じてしまう。クラス単位や年齢別の集団での保育は、ときとして一人の子どもの発達の姿やその内面を理解しにくい状況になりやすい。

しかし、一人ひとりの子どもの成長する姿をあるがままに受け止め、その子の要求を理解する見方は、個別の発達課題を理解するだけでなく、集団の課題を発見するうえでも重要な手がかりとなる。一人ひとりの障害の状態や個別の要求など個々の状態をしっかり受け止め、個別の支援と集団の保育への参加方法を検討することによって、障害のある子どもたちは豊かな人とのかかわりを体験できる。

② 子どもの発達過程を丁寧にとらえる

　障害のある子どもを理解しようとする時，その障害のゆえに「〜ができない」という面に注意が向けられがちである．しかし，子どもには生活経験を通してそれぞれに獲得した力があり，生活要求を持っている．これまでの育ちのなかで，その子なりの「いま（今）」の姿があることを理解することから援助が始まる．そのうえで，保育の場で子どもの遊びや生活の様子，身近な大人や同年齢の子どもとどのようなかかわり方をしているかなど，保育実践のなかでの子どもの様子を丁寧に観察し，子ども一人ひとりの発達課題を推測する．保育の場では，多様な遊びや生活が展開され，子どもに必要な経験があふれている．保育者は，子どもの日々の姿を丁寧にとらえていくことで，子どもの周囲への興味・関心，わかろうとする力や意欲，それを表現する手段，生活にかかわろうとする力のありようなどを知ることができる．また，葛藤や困難を乗り越えようとしている子どもの姿やもう少しでできそうな課題に挑戦しようとする発達の芽生えをみることができる．

　保育者は，日々の保育のなかで，「いま（今）」の子どもの育ちを日常的・継続的に支えながら，一人ひとりの子どもの発達の姿に出会い，次の課題への挑戦を支えていく．つまり，その後の心身の発達を支えるために必要な次の経験を具体的に検討することが重要である．

　そのためには，保育実践における子どもとの具体的なかかわりを通して，小さな変化を観察できる眼，子どもの心の動きに共感できる感性をもつことが大切である．つまり，子どもの「いま（今）」の状況から，日々の発達過程を丁寧に見て，子どもの変化していく姿を客観的に把握し，課題に取り組もうとする子どもの意欲を引き出していくことが保育士の専門性であり，役割であるといってもよい．

2）「いま（今）」を充実させ，次の発達力を生み出す

① 「いま（今）」の姿から次への挑戦を理解する

　保育者が見ている子どもの姿は，今「できる」ことの現れであるが，その中にはこれから「してみたい」「きっとできる」と願う子どもの活動への要求も含まれている．こうした行動への要求を，子どもの日々の保育のなかに，すじ道立てて計画的に位置付けていくことが，子どもの行動への動機づけとなり，次の発達のハードルを乗り越える意欲となる．

　保育所保育指針では，保育の目標として「十分に養護の行き届いた環境の下に，くつろいだ雰囲気の中で子どものさまざまな欲求を満たし，生命の保持及び情緒の安全を図る」という養護の側面と，「生命の尊重や人権の尊重などの社会性の獲得，知的好奇心や思考力を養う[4]」という教育の側面をあげている．これらは，日々の保育活動のなかで，それぞれに独立して実施されるのではなく，総合的，一体的に実践される．たとえば，遊びの場面では，安全でのびのびと行動できる環境が準備されると，子どもは自然や人と触れ合い，知ることの喜びを体験することができ，さらに自らの体を使って行動する喜びを実感する．また，友達と一緒にルールづくりをすることで人との信頼関係や社会的ルールの必要性を理解していく．乳幼児期は実際の体験のなかから学習する時期であり，日々の体験のなかでできることを増やしたり，失敗経験を通して次の課題を発見する．「いま（今）」の充実した日々の経験を，その子の発達のペースに合わせて，ゆっくりと，計画的に丁寧に積み上げていくことで，次の発達力を生みだす保育活動となる．こうした保育はともに活動している障害のある子どもにとっても，その欲求を満たすことのできる活動となる．

3）人とのかかわりを支える

① 他者とのかかわりを支える

　障害のある子どもの保育を実施している保育所は，年々増加している．障害をもつ子どもが，保育所や幼稚園などの保育の場にいることは特別なことではない．

　子どもにとって，乳幼児期は，親密なおとなの関係のなかで自分が受け入れられ，その人との信頼関係を通して行動することの快さを体験し，人とのかかわり方を学習していく時期である．と同時に，同年代の仲間との関係のなかで社会的行動を身に付ける時期でもある．この時期の保育活動では一人ひとりの「こうなりたい」「やってみたい」という子どもの心の動きを丁寧に受けとめながら，集団としての子どもが，互いにその存在を認めあえる社会的活動を経験させていくことが大切である．

　障害児保育でも保育活動のなかに，障害のある子どもの興味・関心があるものやその子の「得意なこと」「してみたい」ことを取り入れていきながら，仲間とともに課題を達成する喜びを味わえるようにすることが必要である．このことは，障害をもつ子どもの活動意欲をかきたて，課題に挑戦しようとする態度を養う．また，同年齢の子どもとのかかわりを保障することで，子どもたちは相手の状況に合わせてかかわり方を考えたり，工夫したりする体験ができ，より多様な行動様式や相互関係を創造することができるようになる．

　子どもが相互のかかわりを大切に感じながら，主体的に活動に取り組む姿勢や意志表示の方法を習得できる集団活動を展開するには，保育者によるきめ細かな支えや見守りと，子どもの状況の応じて柔軟に展開される保育計画が作成されなければならない．

　保育者は，障害をもつ子どもが，その集団のなかで，自分らしく活き活きと活動に参加することができるように配慮しなければならない．保育の環境も子どもの育ちに大きく影響する．保育者は障害のある子どもにとって身近で安心

できる人的環境であり，その保育者と子どもがどのような関係を構築できるかが重要である．関係の構築は保育者と担当児との関係だけでなく，子どもにかかわるさまざまな大人との関係，たとえば，他の保育者やその子の保護者，クラスの子どもの保護者などとのさまざまな関係を観る視点も必要である．

　子どもを取りまく人びととの信頼関係の形成はもちろん，保育者による障害理解・子ども理解に基づいた保育計画や保育環境の整備などすべてが子どもの育つ環境となる．子どもの理解を深めつつ，よりよい保育を展開していくためには，これらの環境とかかわりながら育つ子どもの姿をとらえ，保育の評価・点検をしていくことがのぞましい．さらに，子どもの育つ地域，社会資源や専門機関など，広い視野をもって子どもの育つ環境を理解し，関係調整などを行い，障害のある子どもの一人ひとりの発達の全体像をとらえることが，次の課題を的確に発見することにつながる．

②　発達を支える各専門機関による協働関係

　障害の有無にかかわらず，子どもたちは社会の一員として日々の生活のなかで学び，将来の自立と社会参加していく力を身に付ける．この発達に応じた仲間との集団経験を積み上げることが必要不可欠である．

　子どもの最善の利益に配慮した集団経験の場を設定するためには，子どもの発達にかかわる医師・心理士・言語聴覚士・作業療法士などさまざまな専門職者や専門機関と連携し，子どもの状態を総合的・多角的に理解する視点をもつことが必要である．

　保育所保育指針第4章「保育の計画及び評価」では，障害のある子どもの保育について，保育計画の作成上留意することとして，小学校との連携，家庭および地域社会との連携について配慮するように定めている．

　また，幼稚園教育要領第3章2「特に留意する事項」では，「障害のある幼児の指導にあたっては，集団のなかで生活することを通して全体的な発達を促していく」ことができるように，特別支援学校などの助言を受けたり，家庭や

医療機関，福祉などの関係機関と連携して，個々の障害の状態に応じた指導計画を作成し，それをもとに指導方法の工夫，組織的な対応ができるように定められている．

さらに，文部科学省は，2010年に「特別支援教育の在り方に関する特別委員会」を設置し，共生社会の形成に向けてインクルーシブな教育のシステムを構築する検討をしてきた．この検討を踏まえて，2013年に「教育支援資料〜障害のある子どもの就学手続きと早期からの一貫した支援の充実〜」を配布した．このなかで「早期からの一貫した支援と，その一過程としての就学期の支援」について，乳幼児期の健診や就学前の療育・相談，幼稚園・保育所等との連携など，多層的な連携をしていくことを視野に，キーパーソンとなる複数の職員を配置することが重要だと述べている．

つまり，保育所や幼稚園などでは，特別な配慮を必要とする子どもが増えている現状を考慮して，家庭との協働による保育の実践，小学校などの教育機関や福祉，医療機関との連携が必要であることが各専門機関で理解されるようになってきたということである．

こうした連携を必要に応じて適切に行うためには，担当保育者の障害についての理解や対応方法，保育計画の作成等の研修が不可欠である．また，保護者との協力関係を形成し，保護者の子育てを支援する方法を身に付けておくことも重要となってくる．保護者の声に十分に耳を傾け，保護者の思いや願いを知り，保護者の心情に共感しつつ，家庭の環境を把握し，親子のこれまでの生活の様子や保護者による子どもの障害理解・発達理解を含めた環境への理解を深めることも必要である．このことにより，家庭と保育の緊密な連携が実現し，保育者による保護者支援，親子関係の調整などの支援も必要に応じて行うことができる．

保育所や幼稚園などの保育の場とその他の連携は，家庭との連携や障害のある子どものライフステージを見通して組織的に連携することが必要である．

③ 発達の姿の記録と支援の継続

障害をもつ子どもの発達を継続的に支援するためには，保育のなかでの子どもの姿を観察，記録し，保育者の日々の保育活動について考察したものを，学齢期以降の発達支援につないでいくことが重要である．また，日頃から家族との信頼関係に基づく連携を図り，日常生活での活動の様子を共有することも必要である．子どもの状況の共有は保育の目標や保育の内容を保護者に理解してもらうためにも活用できる．

保育の場では，子どもの発達について共通理解するために，日々の子どもの活動をエピソード的に記録する保育日誌がある．この日々の記録は保育者の思いを家族に伝えるだけでなく，個別の発達記録やグループメンバー相互の動き，メンバーの関係などをみることができる．日誌の内容を「遊び」「人とのかかわり（コミュニケーション）」「興味・関心」「運動」「表現」などの項目別に分類し記録しておくと，その後の教育課程に反映しやすい．また，他領域の専門職者との情報の共有にも役立つ．保育実践をもとにしたこれらの記録は，その後の教育や支援活動のための重要な資料となるといえる．

こうした記録をもとに，保育者は乳幼児期の発達の姿を的確に捉え，その後の支援に必要な環境や連携すべき専門機関について各機関と協議し，学齢期の発達支援を担う教師や放課後児童クラブの保育者等にも伝えていく役割を担う．保育所保育指針でも幼稚園教育要領でも，児童要録を作成し，小学校での教育につなげていくことで，小1ギャップによる子どもの発達のつまずきを取り除き，教育の場へ子どものスムーズな参加を図っている．

(3) 自己決定を支える

1) 障害のある子どもと自己決定

① 自己決定とは

　障害をもつ人とのかかわりのなかで，近年，「自己決定」が注目されるようになってきた．

　本節では自己決定について概観し，幼児期の取り組み，とくに，自己決定を伝える手段としてのコミュニケーション指導を中心に紹介する．

　障害をもつ子どもへのかかわりについては，将来の自立を目標として，障害を早期に発見して早期に対応するということが行われてきた．これら，早期発見・早期対応の取り組みは障害の軽減化などで一定の成果をあげてきたが，重度の障害をもつ例などで療育の効果がなかなかみられないケースや，また，障害をもつ子どもを子ども全体としてではなく，障害という面に焦点を当て訓練や治療の対象としてみる長期療育の弊害や医療モデルの限界も指摘されるようになった．

　一方，障害をもつ当事者からは，一般の人では当たり前とされるさまざまな選択が障害を理由に制限されてきたことに対して異議が唱えられ，自立生活運動や当事者運動などの活動をとおして障害をもつ人の自立が問い直され，経済的自立や ADL（食事や排泄や着脱衣などの日常生活動作）の自立を目的とした狭義の自立から，自らの人生の主体者として自己決定を行っていくという，自己決定を重視した自立観が求められるようになってきた．

　さらに，国連の「児童権利宣言」(1959年)，「精神薄弱者の権利宣言」(1969年)，「障害者の権利宣言」(1975年)，「国際障害者年」(1981年) などの宣言や取り組みをとおして，国際的にも障害をもつ人も同じ権利をもつ主体として，障害をもつ人の人権を尊重していこうとする取り組みが行われてきた．

このような動きのなかで，1989年の国連総会において採択された「児童の権利に関する条約」では，障害児にとくに言及し（障害等による差別の禁止，第2条），障害児の権利とニーズを取り上げた独立条項（障害児の権利，第23条）を有する初の条約となった．

児童の権利条約には，意見表明権（第12条），表現・情報の自由（第13条），などの子どもの権利に関する諸条文が盛り込まれている．なかでも，「締約国は，自己の意見をもつ能力のある子どもには，その子どもに影響を与える問題のすべてに関して自己の意見を自由に表明する権利を保障しなければならない．子どもの意見には，その子どもの年齢および成熟度に応じてそれにふさわしい考慮が払われるものとする（第12条1項）」とあるように，この条約に盛り込まれた諸権利の中でも中心となるのは，自分の意見を表明する権利（意見表明権）であり，自らの人生を主体的に生きようとする権利，すなわち自己決定権である．保育者は，この条約の理念に基づく子どもの人権について意識を高め，実践に生かしていく必要がある．

児童の権利条約において明文化された意見表明権は，2006年に採択された国連子どもの権利委員会一般的意見9号「障害のある子どもの権利」（子どもの意見の尊重，32, 33項），さらには，同年12月の国連総会において採択された「障害者の権利に関する条約」において，障害のある児童の意見表明権（障害のある児童，第7条）などでも規定され，一層の取り組みが求められている．

② 自己決定とコミュニケーション

自己決定を考える上では，自ら選択したことや決定したことを自分以外の他者に伝えるというコミュニケーションの過程を欠かすことはできない．コミュニケーションは自己決定を左右する重要な要件のひとつである．

障害をもつ子どもにはコミュニケーション障害が共通して存在しているが，本人の意思を尊重することは，その障害がどのような状況であっても非常に重要なことであり，そのため障害をもつ子どもの支援では，各障害に対する発達

支援などとともに，コミュニケーション障害に対する支援を欠かすことができない．

私たちはコミュニケーションはことばでするものという意識が強いが，人のコミュニケーションのうちことばによるものは約3割程度に過ぎず，表情や体の動き，視線などことば以外の手段がコミュニケーションに果たす役割が大きいとされている．

そのため，障害をもつ子どもとかかわる際には，ことばに限らずコミュニケーションを広くとらえなおすことが必要になる．

なお，コミュニケーション障害がある場合，コミュニケーションの成立は相手の態度やスキルに依存することが多いことが知られている．障害をもつ子どもは意思や要求を伝えたいと思っても，伝えるという過程，相手に理解してもらうという過程でつまづきをきたす例が多い．保育者のコミュニケーション感度やコミュニケーションスキルの向上を含めた支援の取り組みが求められる．

③ 自己決定とエンパワーメント

障害のある幼児や知的障害をもつ人など自己決定する能力が不十分であったり，困難であると考えられてきた人の自己決定能力を高めるためには，障害をもつ当事者が自ら問題解決や自己決定の能力や「力」を身につけていくエンパワーメントの視点をもつことが欠かせない．

このエンパワーメントを高めるためには人として大切に育てられる経験だけではなく，自らの障害について認識し，それを受容するという自己認識を高めるための援助が必要である．自らを知るもっともよい方法は，インクルーシブな保育の場などで障害をもつ子どもや同年齢の子どもとの育ち合いの体験をとおして，失敗を含めて経験の機会を増やし，経験から学ぶことを繰り返すことであろう．障害についての自己認識ができれば，必要なときには援助を求めることもできるようになるだけでなく，自己を価値ある人間として受け入れ，自らの人生も主体的に生きていくことも可能になろう．

また，単独で自己決定をすることが困難であったり，自己決定をすることが苦手な子どもに対しては，家族，とくに保護者が子どもの権利を擁護し代弁していくアドボカシーの取り組みも必要になる．

2）幼児期における取り組み

① 自己決定を支援する取り組み

障害をもつ人の自立，その要素である意見表明権や自己決定を尊重する立場にたつと，幼児期においてはそれらを支える取り組みとして，意思表示の力を伸ばしコミュニケーションにつなげていくことと，選択の機会を多くもち，選択する力をつけていくことが必要になる．

a　意思表示を尊重する

どんな重い障害をもとうとも，子どもは人とのかかわりの中でさまざまな意思表示をしている．保育者は子どもとの応答的関係の中で子どもの意思表示を大切にし，自己決定の力を育てたり，コミュニケーションにつなげていくことが求められる．

保育の場においては1つひとつの活動に対して，その都度，子どもの気持ちを尊重して，子どもの判断を求めていくことが必要となる．障害の重い子の中には，意思表示をするのに時間がかかる場合もあるので，子どもの意思表示を意識して待つ姿勢をもつことも大切である．また，パニックで伝えることがあったり，視線や体の動きで伝えるなど，意思表示がわかりにくいこともあるので保護者などから情報を集めておくことも欠かせない．

子どもの判断をたずね，拒否や失敗なども含めてその判断を尊重していくことは，自らの行動に責任をもち，将来の自己決定を考える上で欠かすことのできないものである．

b　選択を支援する

保育はプログラムによってすすめられることが多く，選択にはなじまないと

考えられがちである．その中でも可能な限り選択の機会を設けて，自分で決め，自分で選ぶことができるように支援していくことが大切である．

① 選択を経験する：遊びで室内遊びと戸外遊びのどちらかを選択したり，飲み物を牛乳とお茶のどちらかを選択するなど，工夫することにより集団保育の中でも選択の機会を設けることができる．選択の経験が少なく選択することになじみがない場合には，ブランコと回旋遊びの選択などのように，選ぶことによって楽しいことが起こるということを用意しておくこともひとつの援助法である．

② 選択肢を提示する：障害をもつ幼児の多くは選択を何の手がかりもなしに行うことはむずかしく，保育者が子どもの能力に応じた方法で，いくつかの選択肢を提示して，子どもに選択させるという方法をとることから始める．一度に多くの場面で選択を求めると混乱することがあるので，自由遊びなど，一日のプログラムの中で自由度が高く，かつ，本人が楽しめる活動の中から提示していくことが望ましい．また，選択の際には一度に多くの選択肢を提示すると混乱するので，2つのものを提示し選択するということから始めるとよい．

③ 選択肢を理解する：選択肢は子どもに理解できる方法で提示しなければならない．たとえば，自閉症の子どもにはことばによる提示だけではなく，写真などのカードを用意するなどの視覚的な手がかりを併用すると理解しやすい．また，反響言語で答えてしまう子ども（Q：「牛乳とお茶どちらにする」A：「お茶」，Q：[お茶と牛乳どちらにする] A：「牛乳」，など最後に尋ねたほうを選択してしまうもの）では，提示の順序を変えたり，カードや実物を用意して尋ねることなどが必要である．さらに，一度に多くの選択肢が理解できない子どもには，1つひとつ選択肢を提示して尋ねていくなど，障害の特性や認知能力に応じた方法で，本人がわかるように選択肢の提示の仕方を工夫する．

② コミュニケーション指導

コミュニケーション指導としてペクスとインリアル・アプローチを紹介する．両者はコミュニケーションの手段にはこだわらず実用的なコミュニケーションを重視していること，コミュニケーションの成功体験や機会をとおして，コミュニケーション能力を伸ばしていくことなどに共通性がある．

a　PECS（ペクス）

PECSとはPicture Exchange Communication Systemの略で，絵カード交換式コミュニケーションシステムと訳されており，1985年頃に米国のボンディらによって開発された．自閉症やコミュニケーション障害のある人に絵カードを交換することによって自発的なコミュニケーションを実現するための，ユニークな代替コミュニケーション法であり，日本には門らによって2000年代に導入され，特別支援学校などで実践が行われていたが，現在では，幼児期の障害をもつ子どもにも適用が試みられ，自閉症のコミュニケーション支援の分野で最も多く使われている支援法のひとつである．

ペクスには，非常に単純なことから難しいものまで6つの段階（フェイズ）があり，絵カードをとって渡すという運動スキルを習得することができれば，重度の知的障害をもつ子どもや対人接触が苦手な子どもや低年齢の子どもでもコミュニケーションを可能とする．

各フェイズの内容は次のようになっている．

ペクス導入の準備：
　　　　手順：① 子どもの好きなもの（好子）を調べる
　　　　　　　② 好きなものに対応した絵（写真）カードを用意する
　　　　　　　③ カードを収納するためのバインダーと文カード（縦長の台紙にベルクロテープを貼ったもの）を用意する

フェイズ1：コミュニケーションの仕方を学ぶ
　　　　目標：目の前の人に絵カードで欲しいもの（したいこと）を要求する
　　　　手順：3つのステップからなる行動の連鎖を教える

① カードをとり→ ② 相手に差し出し→ ③ カードを手渡す

フェイズ2：離れた相手とやり取りをする

 目標：自発性と移動範囲を広げる

 手順：① 大人が少しずつ離れるようにする

   ② カードがのっているバインダーを子どもから徐々に離していく

フェイズ3：選択ボードを使って，選んで伝える

 目標：カードの弁別を行う

 手順：① 選び方がはっきりしている（好きなものと嫌いなもの）2枚のカードの弁別を行う

   ② 同じような好みの2つのカードの弁別を行う

フェイズ4：要求や許可を文にして伝える

 目標：文章を作る

 手順：① 目的語（好きなもの）＋動作語（ください）

   ② 主語＋目的語＋動作語

フェイズ5・6：質問の応答，コメント ―略―

　ペクスは，カードを介した人とのやり取り（対人接近）や，好きなもの（こと）の要求（自発性）の指導から始めることに特色がある．また，要求コミュニケーションの仕方を学ぶことから始めるので，初めからカードの弁別能力は必要としないため，3歳台からコミュニケーション支援を始めることができる．

　ペクスの導入によりコミュニケーションの成功体験を積み重ねたことにより，コミュニケーションの不全によるストレスや問題行動を減らしたり，人への関心が高まったり，言語によるコミュニケーションの獲得が促されたなどの報告も多くされている．

 b　インリアル・アプローチ

　1970年代にアメリカで開発されたことばの発達に問題がある子に対する援

助法で，日本には1980年代に導入され，現在は保育所や特別支援学校などを中心に各地で盛んに実践が積み重ねられている．

インリアル（INREAL）アプローチは，おとなと子どもが相互（INter）に反応（REActive）しあうことで，子どもの学習（Learning）とコミュニケーション（communication）を援助しようとするもので，従来，言語訓練という形で行われていた，ことばを獲得することでコミュニケーションが可能になるという考え方とは異なり，コミュニケーションの楽しさを経験することで，コミュニケーションの意欲や能力を伸ばしていこうとする立場に立っている．

このアプローチの特徴は，①コミュニケーションの一方の当事者であるおとなのコミュニケーション能力や感度（センシティビティ）に着目し，それを伸ばすことにより，遅れをもつ子どものコミュニケーション能力を伸ばしていこうとすること．②ことばのみならず，前言語的な伝達手段も含めて広くコミュニケーションを検討すること．③子どもとおとなとの間のコミュニケーション場面（やりとりや会話）をビデオ録画し，トレーナーとともにビデオ分析を行い，ことばかけややりとりの成立のためのかかわり方について検討を行う．実践（ビデオ録画・分析）をとおしてコミュニケーションの成立を図ろうとする，などがあげられる．

インリアル・アプローチのステップは，①シンシアリティレベル（誠実に応じる段階）：コミュニケーションの基本姿勢を確立する．②ミーニングレベル（意味あるかかわりの段階）：障害に応じた治療的アプローチを行う，の2つの段階に分けられており，ビデオ録画や評価作業を繰り返して客観的に評価していく．表3-1で，あるケースの評価シートを紹介する．

インリアル・アプローチでは，おとなが反応的にかかわることで，コミュニケーションを遊びの場面で子どもから開始（主導権）する力をつけていくことを目標としており，おとなのかかわりやコミュニケーションにおいて主導権をもち，ひいては自己決定につなげていこうとするものである．

表3-1　A児（ダウン症候群，4歳11カ月）のマクロ評価シート

	子　ど　も	保　育　者
評価	・遊びの展開がわかっている（手続きが分かっている）． ・物には名前があることが分かっている． ・名詞が苦手である．	・早口で話している． ・タイミングが早い． ・はっきりとした反応を返していない．
目標	① ことばかけをする際に，はっきりとした反応をし，ゆっくり，メロディックに話す．ターンを頭の中に入れてことばかけをするように留意する． ② Aがよく知っているもの，よく使うもので絵カードを作り，名詞を教えていく．そのカードを使用し，（理解する）部分と（話す）部分を教えてもらった手順で取り組んでいく． 　「理解する」～カード選び 　　1．名前をいわれると，カードを押さえる． 　　2．カードを2枚出し，いわれた名前の方のカードを選ぶ． 　「話す」～絵カードを1枚ずつ出し，「これは何？」と尋ねる． ③ 保育室に，Aのよく知っているものや人の写真を貼ったコーナーを作り，環境設定を充実させていくこと． ④ 保育者がAのことばを理解していく上で，動作がとても重要なヒントになる．間違いにはこだわらず，失敗感を与えないように配慮する．	

注）
1）文部科学省「特別支援教育について　第3章地域における一貫した相談・支援のための連携方策3」「相談・支援手帳（ファイル）」の作成」（www.mext.go.jp/a_menu/shotou/tokubetu/material）
2）厚生労働統計協会『厚生の指標増刊　国民の福祉と介護の動向　2013/2014』Vol.60, No.10
3）文部科学省初等中等教育局特別支援教育課「教育支援資料～障害のある子供の就学手続と早期の一貫した支援の充実～」2013年10月
4）保育福祉小六法編集委員会編『2013年版　保育福祉小六法』みらい　2013年

参考文献
津守真『保育者の地平』ミネルヴァ書房　2013年
水田和江・増田貴人編著『障害のある子どもの保育実践（第2版）』学文社　2013年
全国学童保育連絡協議会『学童保育情報　2013-2013』全国学童保育連絡会　2013年
内閣府編集『障害者白書（平成23年）』2013年
酒井朗ほか『保幼小連携の原理と実践』ミネルヴァ書房　2011年

阿部彩『子どもの貧困―日本の不公平を考える―　岩波新書』岩波書店　2008年
竹田契一・里見恵子編著『インリアル・アプローチ』日本文化科学社　1993年
坂口しおり『コミュニケーション支援の世界―発達とインリアルの視点を取り入れて―』ジアース教育新社　2006年
中西正司・上野千鶴子『当事者主権』岩波書店　2003年
宮田広善『子育てを支える療育―医療モデルから生活モデルへの転換を―』ぶどう社　2001年
今本繁『絵カードから始まるコミュニケーション指導』実践障害児教育 vol.454-465　学習研究社　2011-2012年

第4章　障害のある子どもへのかかわりと保育者の専門性

(1) 保育者の役割

1）保育の質の向上のために

　保育者は，常に保育の質の向上を求められる立場にある．保育所保育指針の第7章には，「職員の質の向上」があげられ，「質の高い保育を展開するために，絶えず，一人一人の職員についての資質及び職員全体の専門性向上を図るよう努めなければならない」と記されている．

　質の高い保育を保障するための仕組みのひとつとして，第三者評価がある．第三者評価の目的は，保育所におけるサービスの質を向上させること，利用者が施設を選択する際に役立つ情報を提供することである．そのため保育者は，第三者評価の項目に照らして，保育を自己点検することが求められる．障害児保育に関しては，障害児保育のための環境が整備され，保育の内容や方法に配慮がみられるかどうかが問われる．項目としては，以下のようなものが考えられる．①障害のない子どもの，障害児への関わりに対して配慮している．②園舎はバリアフリーの配慮がみられる．③障害児の特性に合わせた園での生活の仕方の計画が立てられている．④障害児保育について園全体で定期的に話し合う機会を設けている．⑤障害児保育に携わる者は，障害児保育に関する研修を受けている．⑥医療機関や専門機関から相談や助言を必要に応じて受けられる．⑦保護者に障害児に関する適切な情報を伝えるための取り組みを行っている．

ただし，これらはあくまで最低限度の保育の質を保障するための項目である．保育の質を考えるうえで大切にしたいことは，「これを満たせば質が高い」という規定的な条件はなく，それぞれの保育現場で行われる実践のプロセスの中から，質の高い実践を見出していく視点をもつことである．

 大豆生田啓友ら（2009）は，保育の質を高める仕組みとして，「振り返り」，「職員相互の話し合い」，「自己評価」，「園内の体制」の4つをあげている．保育実践を記録し振り返りの機会をもつこと，そうして生まれた反省を他の保育者に語り別の視点からの意見をもらうこと，その過程の中で自身の保育を省察し自己評価をすること，このような保育の「あたりまえ」を丁寧にやることが保育の質の向上につながる．そして，それを支える園内の体制として，保育カンファレンスが存在する．

 このように，保育者は子どもの発達を支えるために日々の保育を省察する．それを継続することで，普段から省察的態度をもって保育実践を行うことができるようになる．そのような職員集団が形成されている現場での保育実践は総じて保育の質が高いものである．

2）保育者の倫理観

 2003年に策定された「全国保育士会倫理綱領」には，保育者の役割が明確に述べられている（表4-1）．一見すると当然のような文言であるが，一つひとつを深く考え，他者と意見交流することで，自分自身に内在している価値観が見えてくるだろう．「子どもの最善の利益が尊重されている状態」とは，具体的にどのような状態なのか．「子どものニーズを受けとめ，子どもの立場に立ってそれを代弁する」とは，具体的に保育のどのような場面で行われることだろうか．「地域で子どもを育てる環境づくり」において，保育者は具体的に何ができるだろうか．

 保育実践には，必ず保育者自身の価値観が反映されている．しかし，普段の

第4章　障害のある子どもへのかかわりと保育者の専門性

表4-1　全国保育士会倫理綱領

すべての子どもは，豊かな愛情のなかで心身ともに健やかに育てられ，自ら伸びていく無限の可能性を持っています。

私たちは，子どもが現在(いま)を幸せに生活し，未来(あす)を生きる力を育てる保育の仕事に誇りと責任をもって，自らの人間性と専門性の向上に努め，一人ひとりの子どもを心から尊重し，次のことを行います。

　　私たちは，子どもの育ちを支えます。
　　私たちは，保護者の子育てを支えます。
　　私たちは，子どもと子育てにやさしい社会をつくります。

(子どもの最善の利益の尊重)
1. 私たちは，一人ひとりの子どもの最善の利益を第一に考え，保育を通してその福祉を積極的に増進するよう努めます。

(子どもの発達保障)
2. 私たちは，養護と教育が一体となった保育を通して，一人ひとりの子どもが心身ともに健康，安全で情緒の安定した生活ができる環境を用意し，生きる喜びと力を育むことを基本として，その健やかな育ちを支えます。

(保護者との協力)
3. 私たちは，子どもと保護者のおかれた状況や意向を受けとめ，保護者とより良い協力関係を築きながら，子どもの育ちや子育てを支えます。

(プライバシーの保護)
4. 私たちは，一人ひとりのプライバシーを保護するため，保育を通して知り得た個人の情報や秘密を守ります。

(チームワークと自己評価)
5. 私たちは，職場におけるチームワークや，関係する他の専門機関との連携を大切にします。
　また，自らの行う保育について，常に子どもの視点に立って自己評価を行い，保育の質の向上を図ります。

(利用者の代弁)
6. 私たちは，日々の保育や子育て支援の活動を通して子どものニーズを受けとめ，子どもの立場に立ってそれを代弁します。
　また，子育てをしているすべての保護者のニーズを受けとめ，それを代弁していくことも重要な役割と考え，行動します。

(地域の子育て支援)
7. 私たちは，地域の人々や関係機関とともに子育てを支援し，そのネットワークにより，地域で子どもを育てる環境づくりに努めます。

(専門職としての責務)
8. 私たちは，研修や自己研鑽を通して，常に自らの人間性と専門性の向上に努め，専門職としての責務を果たします。

社会福祉法人全国社会福祉協議会
全国保育協議会
全国保育士会

生活の中で,自身の価値観を意識化することは少ない.上記のようなテーマで,わたしと他者の意見を交流することは,保育を行ううえで重要な倫理観を磨くことになる.また,これらはとくに障害児保育を行う際に配慮されるべきことでもある.この倫理綱領には,障害の有無にかかわらず,すべての子どもがうれしい保育をめざすための内容が込められているといえる.

3）保護者の苦情解決

さきの倫理綱領にもあるように,保育者は保護者との協力のもとで保育を行う.しかし,ときには保護者の理解を得られず,苦情を受けるときもある.保護者からの苦情は,その内容がどうであれ,真摯に受けとめて自らの保育や保護者への対応を謙虚に振り返る機会としてとらえる必要がある.そして,保護者への説明責任を果たし,保護者との相互理解を深めて信頼関係を築いていきたい.

障害児保育を行っていくうえでは,障害のある子どもの保護者だけでなく,障害のない子どもの保護者からの苦情も多くみられる.障害のある子どもがいることによって,他の子どもに不利益を与えるような保育は,障害児保育とはいわない.すべての子どもの権利が擁護されるような保育が行われてはじめて,障害児保育の実践といえる.保護者からの苦情は,保育の見直しの契機となる.保育者は状況に応じてクラスの保護者に対する障害の説明や保護者同士の交流をもつような機会を設けることを考えなければならない.

保育所・幼稚園では,苦情解決のための仕組みが設けられている.苦情解決責任者である施設長の下に,苦情解決担当者を決め,苦情受付から解決までの手続きが明確化されている.中立,公正な第三者の関与を組み入れるために第三者委員を設置することも求められている.

このような仕組みは,保育の説明責任や評価とともに,保育の内容を継続的に見直し,改善し,保育の質の向上を図っていくためにも役立つ.さらには,

保育所や幼稚園が，子どもを育てるという社会的責任を果たしていくためには欠かすことはできない．

(2) 保育カンファレンスと保育者の研修体制

1) 子どもの「学び」を話し合う保育カンファレンス

2012年7月，文部科学省は，「共生社会の形成に向けたインクルーシブ教育システム構築のための特別支援教育の推進（報告）」を報告した．その中で，障害のある子もない子も共に学ぶことの基本的な方向性が，次のように示されている．

「障害のある子どもと障害のない子どもが，できるだけ同じ場で共に学ぶことをめざすべきである．その場合には，それぞれの子どもが，授業内容が分かり学習活動に参加している実感・達成感を持ちながら，充実した時間を過ごしつつ，生きる力を身に付けていけるかどうか，これが最も本質的な視点であり，そのための環境整備が必要である」[1]．

これを保育で言うならば，「子どもが，喜びや楽しみを実感し，『生きる力』を育むことのできる活動（遊び）が展開できる環境を整備する必要がある」ということができよう．すなわち，障害のある子どもも障害のない子どもも関係なく，「生きる力」を養うことのできる保育を展開することが保育者の役割といえる．そのためには，常に自らの保育実践を客観的にふりかえる必要がある．

保育カンファレンスでは，障害のある子どもが他児との関係の中で起こす問題を中心に話し合いが行われることが多い．つまり，障害のある子どもの問題行動をどのようにして無くせばよいかを検討する話しあいになることが多い．しかし，障害のある子どもも他児と同様に，「学ぶ」存在であることに疑いの余地はない．保育カンファレンスでは，問題行動をどうやってなくすかよりも，障害のある子どもが保育活動の中で何をどのように学んでいるのかを話し合う

べきである．子どもがしっかり遊べるようになると，それに比して問題行動も減っていくものである．

これからの障害児保育のあり方として，保育者は，個々の子どもの特性を理解し個別の配慮を考えつつ，一方で，すべての子どもが充実感をもてる保育実践を考えなければならない．そのためには，障害のある子どもの具体的なエピソードを語り合うこと，また障害のある子どもとかかわりをもつ他の子どものエピソードを語り合うことが必要である．そのような情報収集を基盤にして，保育者は，ユニバーサルデザインとしての保育，つまり「どの子もうれしい保育実践」を構成することが大切になる．

2）保育カンファレンスの進め方

子どもの「学び」は，保育所・幼稚園の生活の中で，あらゆる場面に見出すことができる．保育カンファレンスでは，障害のある子どもの具体的なエピソードをもとに，その子の学びの機会を見つける．また，機会を見つけるだけでなく，その子が得意なことや好きなことを含めて，保育活動の中で学ぶ機会を作ることも大切である．

個々の子どもには，teachable moment（教える絶好の瞬間）が存在する．つまり，保育者が子どもに同じことを同じように教えたとしても，状況によって子どもへの伝わり方が異なるのである．それは，そのときの障害児の気持ちや周囲の環境など多様な要因によって変化する．

保育カンファレンスは，障害のある子どもが保育所・幼稚園の生活において，いつ teachable moment を迎えているのかを確認する場でもある．そのため，保育カンファレンスには，多くの保育者が参加することが望ましい．子どもの「学び」をとらえるための保育カンファレンスの進め方としては，以下のような手順が考えられる．

① ヒトマップ，モノマップを作成する

障害のある子どもが保育所・幼稚園内でどのようなヒト・モノとかかわっているのかをエコマップの要領でマップ化する（図4-1，4-2）．このヒトマップ，モノマップの作成の過程を通して，対象児が保育所・幼稚園内のどこで（Where），いつ（When），誰（Who）と何（What）と，どのような（How）かかわりをしているのかが図式化される．このように障害のある子どもの生活をマップ化することで，すべての保育者がその子の情報を共有することができる．このヒトマップ，モノマップが，その後の話し合いの基盤となる．

② 学びの機会と思われるヒトとのかかわり，モノとのかかわりに印をつける

次に，ヒトマップ，モノマップを見ながら，対象児の学びの機会になっていると思われる関係について話し合う．たとえば，お気に入りのモノがある場所は，その子にとって絶好の学びの機会であろう．そのモノでどのような学びが生まれているのか，そのときの状況を話し合うことで次の手立てが見えてくる．また，ある友だちに関心を持っている状態がある場合，その子とのかかわりの中で，どのような学びが生まれているのかを話し合うこともできる．

このように，ヒトマップ，モノマップを見ながら，対象児にとって，とくに学びの場になっているところをピックアップし，ペンで印をつける．

③ 学びの機会が生まれそうなヒトとのかかわり，モノとのかかわりを加筆する

現在のヒト，モノとの関係を話し合う中で，今後，学びの機会が生まれそうなヒトとのかかわり，モノとのかかわりについて話を深める．たとえば，特定のおもちゃに興味がある場合，現在かかわりはないものの，同じおもちゃに興味のある子どもとのかかわりを促すことができるかもしれない．このような視点で話し合うことによって，現在はまだ見られないが，今後期待できそうな

54　第1部　障害のある子どもの権利保障と実践の基礎

図4-1　ヒトマップ

子どもの名前（　　　　　）クラス（　　　　　）作成した日（　　月　　日）
ヒトマップ

＊保育所・幼稚園の友だち関係や保育者との関係を図で示します．
＊どのような場面でどのようなかかわりをしているのか，記入します．

図4-2　モノマップ

子どもの名前（　　　　　）クラス（　　　　　）作成した日（　　月　　日）
モノマップ

＊保育所・幼稚園にあるモノとの関係を図で示します．
＊どのような場面でどのようなモノ（おもちゃ，教材など）に興味をもっているのか，記入します．

かわりが見えてくるだろう．そのようなかかわりを違う色のペンで書き加える．

このように，障害のある子どもの生活に関する情報収集と共有を行い（①），「いま」の生活で見えてくる学びの機会を明らかにし（②），「みらい」の生活で期待できる学びの機会の創出を考える（③）．

このヒトマップ，モノマップの作成過程から，②，③の場面において，どの保育者がどのようにかかわりをもつのかを話し合い，具体的に考える．その内容は，個別の指導計画に記載するとよい．

(3) 家族への支援と保育者の役割

1）家族の障害受容

障害のある子どもをもつ家族が最初に直面する課題に障害受容がある．わが子に障害があることを受容するのは心理的負担感が大きい．次に示すのは，自閉症の子どもをもつ母親が障害に対する葛藤を語ったエピソードである．

> 私は，自分の実家に帰るのが1年に1回くらいなのですけど，連れて帰った時に私の父親に「ちょっとおかしいんじゃない？」って言われました．その時に，いつも見てない人に言われて，すごく主人と二人で腹が立ちました．そんなこともあって，余計に病院にも行きたくなかった．でも，気にはなって，毎日パソコンの前に座ってあれこれ調べたりしました．自閉症だなと思いながらも，でもウチの子は目が合うし…とかそういう違うことばっかりを探していたので．どっかでそうかなと思いながら否定してね．認めたくないっていうのがあったんです．

障害受容の過程は，可視的な障害（肢体不自由やダウン症など）と不可視的な障害（発達障害など）によって違いがあるといわれる．図4-3は，先天性障害のある子どもの両親20組を面接調査した結果である．ここでは，障害受容の

図4-3　先天性障害のある子どもの親の障害受容

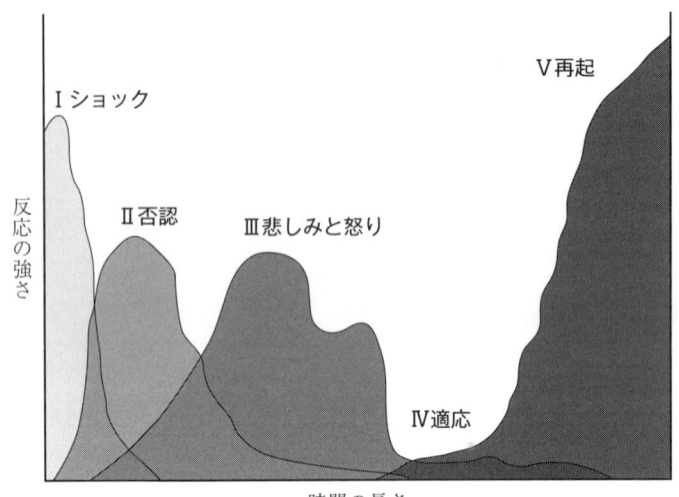

Ⅰショック
Ⅱ否認
Ⅲ悲しみと怒り
Ⅳ適応
Ⅴ再起

反応の強さ
時間の長さ

出所) Drotar, D., Baskiewicz, A., Irvin, N., Kennell, J. & Klaus, M., The adaptation of parents to the birth of an infant with a congenital malformation: A hypothetical model, *Pediatrics*, 56 (5), 1975, pp.710-717

経過を「Ⅰ．ショック」「Ⅱ．否認」「Ⅲ．悲しみ・怒り・不安」「Ⅳ．適応」「Ⅴ．再起」としている[2]．

　保護者は，子どもに障害があることを知らされると，ショックを受ける．そして次に障害を認めたくないという思いをもつ．その後，障害が治らないことを認識すると，悲しみや怒りがこみ上げてくる．そして，事実を受け入れるようになり，障害のある子と共に生活していく．ここで見られる感情の強さや時間の長さは，障害の種類・程度や家族関係などによって変わる．たとえば，否認の状態にあるのに次の手立てを示したところで効果的な支援にはならない．この図に基づけば，保育者は保護者がどの段階にあるのかに配慮し，支援をすることが必要になる．

　一方，図4-4は，発達障害のある子どもをもつ保護者の障害受容を示した図で螺旋型モデルといわれる．これは，障害の発見から落胆と適応が交互に訪れて，徐々に反応が小さくなっていくというものである．発達障害の場合，子

図4-4 発達障害のある子どもをもつ親の障害受容

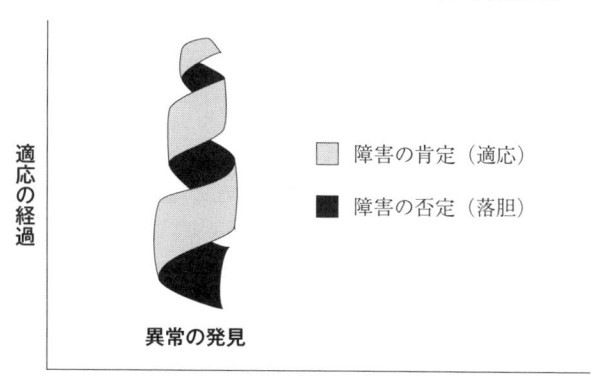

出所）中田洋二郎「親の障害の認識と受容に関する考察─受容の段階説と慢性的悲哀─」『早稲田心理学年報』27 1995年 pp.83-92

どもの姿は環境によって大きく異なる．保育でも，発達障害のある子どもが，その力を発揮する場面もたくさんみられる．そのため，保護者は適応と落胆を繰り返していく．保育者は，保護者が一見適応の状態に見えても軽々しく障害を受容していると判断してはならない．その裏側には落胆が隠れているのを念頭に置き，支援を行うことが必要である．また，同様に落胆の状態に見えても，必ず適応のときが来ることを願って，継続した支援をしていくことが求められる．

2）子育ての難しさ

根来あゆみら（2004）は，障害のある子どもをもつ母親が障害のない子どもをもつ母親よりも感じる困難さを以下のようにまとめている[3]．

① 一人でこの子を育てているように思え，圧迫感を感じる
② 私には手に負えない子である
③ この子の子育てに対して自信が持てない

④ この子のために色々なことをしても，この子に私の気持ちがほとんど通じていないように思う
⑤ この子にどう接していいのか分からず，とまどうことがある
⑥ この子をわずらわしく思うことがある
⑦ しつけがうまくいかず，イライラする

　このように，障害のある子どもの子育てにはストレスを感じやすい側面がある．そのため，障害のない子どもの子育てに比べて，虐待等の育児上の問題が起こりやすい．

　障害のある子どもをもつ家族の支援には，他の専門機関との連携が欠かせない．「医療」，「保健」，「福祉」，「教育」の各専門機関，専門家がチームとして，ともに家族を支える意識をもつことが大切である．保健師との連携では，出産して間もない頃や健診時の保護者の様子を把握することができるだろう．また，子どもが療育機関に通っているならば，言語療法士や作業療法士などの専門家と連携をとり，保育でも取り入れられる方法を考えるきっかけになる．

　そのためには，各自治体で開発されているサポートブックの活用が望まれる．地域の専門家がチームとして家族支援のアプローチを行っていくために，情報共有のツールとして用いるとよい．

3）家族間の関係性を支える

　父親の子育て参加が進んでいるとはいえ，母親が子育ての中心的役割を担っている家庭はまだまだ多い．虐待等の課題が生まれる背景には，母親が育児・家事を抱えこむことが指摘されている．しかし，単純に母親の物理的負担を減らすことがよいとも限らない．

　障害のある子どもをもつ父親，母親のペアにグループインタビューを行った結果，子育ての過程の中で互いの役割が固着化していくことが明らかになった．

(松井剛太ら,2012).以下,家事に対する父親と母親の語りを示す[4]．

父親	母親
父親A：まあ，家事とかそういうのはちょっと．僕がやると後始末とかが大変なので，やらないようにしています．	母親A：これが子どもの世話はやってくれますけど，洗濯とか食事とかそういうのは一切しないです．やられても大変なことになるので（笑）
父親B：家事にタッチしだしたら，めちゃめちゃ金使うからあんまりしない方が良いみたいですよね．	母親B：子どもとのかかわりがなくなってきました．家の中で一緒に遊ぶっていうのはほとんどない．まあ帰りが遅いのもあるし，私としても遅い方が助かる（笑），前は早く帰ってきてと思っていたのが，今ではちょっとでも遅い方が嬉しい（笑）

　上記のように，父親は育児・家事を「やってはいけない雰囲気」を感じている．一方で，母親は父親に育児・家事を「やってもらいたくない雰囲気」を作っている．このように，家族間の関係は互いの状況を読み取りながら，相補的に構築される．

　母親の負担を軽減するために，父親や祖父母の協力を得ることは大切である．しかし，その際に母親の負担の「抱え込み方」に着目しなければならない．母親は家事・育児を積極的にやることで，「お母さんはとても頑張っている」と周囲から承認されているかもしれない．その場合，父親の協力の仕方次第では，その承認の機会を奪ってしまうことにもなりかねない．

　単純に「負担を軽減すればよい」という発想ではなく，家族のメンバーが，育児・家事のどの部分に負担感をもっているのか，どの場面で誰からどのように承認を得ているのか．保育者は，そのような家族間の関係性を支えつつ，子育てをともに行う一員としての役割を果たす必要がある．

注）
　1）文部科学省初等中等教育分科会『共生社会の形成に向けたインクルーシブ

教育システム構築のための特別支援教育の推進（報告）』 2012年
2）大豆生田啓友・三谷大紀・高嶋景子『保育の質を高める体制と研修に関する一考察』関東学院大学人間環境学会紀要11 2009年 pp.17-32
3）根来あゆみ・山下光・竹田契一「軽度発達障害児の主観的育てにくさ感―母親への質問紙調査による検討」『発達』 25（97）ミネルヴァ書房 2004年 pp.13-18
4）松井剛太・七木田敦『障害のある子どもを持つ親の子育て支援に関する研究―父親と母親の意識の違いに着目して―』日本特殊教育学会第50回大会発表論文集 2012年 p.135

参考文献
厚生労働省『保育所保育指針』フレーベル館 2008年

第5章　保育実践の基礎知識

(1) 保育の展開と留意点

　障害のある子どもの保育はその子だけを対象とした特別な保育ではない。「障害のある子どもの保育については、一人一人の子どもの発達過程や障害の状態を把握し、適切な環境の下で、障害のある子どもが他の子どもとの生活を通して共に成長できるよう、指導計画の中に位置付けること。」[1]（保育所保育指針第4章保育の計画及び評価1(3)ウ障害のある子どもの保育(ア)）とあることからも分かるように、障害のある子どもも、他の子どももともに成長し合う集団として、保育は展開されていく。

1）保育指導計画と個別支援計画

①　保育指導計画と個別の指導計画

　思い思いに遊び、活き活きと生活する子どもの姿の背景には、一人ひとりの子どもの成長を支えるための保育者の配慮に満ちた環境設定や援助がある。それらは「保育指導計画」に基づいて行われている。保育指導計画には、年、期、月の単位で立てられた長期の指導計画と、週、日の単位で立てられた短期の指導計画がある。前者は保育の流れと子どもの変化を大きな目で捉え育ちを見通す視点から、後者はより具体的な一人ひとりの子どもの姿から保育の内容を検討する視点から立てられ、それぞれ相互に関連し合っている。

　計画というと、時間に沿ってすることが決められ、その通りに実行するとい

ったイメージをもつかもしれないが，けっして計画の通りに実施すべきものではなく，子どもの姿に合わせた適切な援助ができるよう必要に応じて臨機応変に変更される性格のものである．この保育指導計画は，障害のある子どもを含むクラス全体を捉えて作成される．

とくに配慮の必要な子どもや，保育者がとくに理解を深めたいと考えている子どもについて，この保育指導計画の中で別に欄を設けて配慮事項を記入したり，個別に生活や遊びの様子や取り組み等を把握した指導計画が立てられることがある．具体的には，その子どもに応じて，クラス全体の保育指導計画の中で特定の項目を設定したり，その子の生活や遊びを細やかに捉えるための短期の計画を個別に立てたり，子どもの育ちを見通した長期の計画を個別に作成したりとさまざまである．こうすることで，よりその子に合った環境やかかわりを考えたり，配慮すべき事柄を意識したり，子どもの行為を何故だろうと検討したり，保育者間で共有したりすることができる．ただし，この場合もクラス全体の保育指導計画と切り離されたものではなく，相互に関連づけられているものである．また，子どもによっては保育室を離れて職員室や他のクラスに行くことも多く，担任以外の保育者とのかかわりが多いこと，そして多面的にその子の理解を深めるためにも保育者間での共有は大切である．一方で，保育者にとって気になったり困ったりとマイナスに思える部分が主に記される傾向があり，それがその子自身の問題のように理解してしまったり，それ以外の部分に目を向けにくくなってしまうこともあるため注意したい．

② 個別支援計画

上述のような日々の保育の指導計画に加え，障害のある子どもの状況を広い視点で捉え，入園前から就学後までをも見通した支援となっていけるよう，「個別支援計画」の策定が進められている．保育所保育指針解説には「各保育所においては，保護者や子どもの主治医，地域の専門機関など子どもにかかわる様々な人や機関と連携を図ることが重要です．こうした取り組みが小学校以

降の個別の支援への連続性を持つことになります．」とある．これは関係機関等との関わりも含めて考えられるものであり，市町村や療育機関等その子を取り巻く人びとと連携を取りながら作成される．その意義は"その子を取り巻く人びとの連携"と"長期的見通しをもった支援"が可能になる点である．

　障害のある子どもは，保育所や幼稚園に通いながら定期的に（週に数日～数カ月に１度など子どもの状態や状況に応じてさまざまな形態がある）地域の専門機関に通うことが多い．その時にその子に関してどこでどのような支援が行われているのかを把握したうえで，保育所では集団保育として担う部分を意識して，具体的な支援を行っていくことが必要である．またこの「個別支援計画」は①の「個別の指導計画」に生かされることになる．けっして安易にその他の機関と同じことをするということではなく，他機関との一貫性をもちながらも"生活の場"としての視点から検討していくことが重要である．そして各機関と定期的な情報交換を行ったり，相互に見学し合う等しながら個別支援計画の評価や見直しをしていくと実質的な連携が可能となる．このような個別の支援計画は小学校以降の支援の連続性にも繋がり，地域でのその子の育ちを長い目で見据え，周囲の人びとや機関全体で支援していくことにつながる．

2）日常生活の支援にあたって

　保育は障害の有無によらず，一人ひとりの発達過程に応じて行われるものであり，個々の子どもに応じた配慮がなされている．障害のある子どもによってはクラス集団に向けての伝達の理解や，状況を理解しての行動，多くの子どもと行動を共にすること等が苦手なことも多く，その他の子どもたちとは別に援助が必要になることも多い．そのため，顔が見える位置に座ってゆっくり伝えたり，後で個別に声を掛けたり，またはその子担当の保育者がついて分かりやすく伝えたりするなどして工夫をしている．クラスで集まる場面が苦手な子どもの場合には，担当の保育者が子どもの様子を見ながら，その子の側にいてみ

たり，その子の行動を認めながらも他児を意識しやすいように他児らの近くからその子を見守ったりすることもある．手洗いや着替え，食事等の個別の援助をすることもある．この時，担当保育者と障害のある子どもが密になりすぎてしまって他児とかかわるチャンスがなくなってしまったり，逆に保育者の真似をして何でも他児が手伝ってしまったりと，アンバランスな関係になってしまうこともある．また，保育者でなく他児がかかわることで思いがけずその子が自然に活動をともにすることもよくある．

【事例】
　4歳児クラスでの一場面である．この4月から入園したRは言葉でのやりとりや大人数での活動が苦手で，テラスにいることが多かった．その日の朝も，朝の集まりが始まる頃はテラスの柱の陰に立っていた．担任も担当保育者もRに「朝の集まりやってるからね」とだけ声を掛け，無理に保育室に入るようにはせず，担任は保育室へ，担当保育者はRよりも保育室に近い位置でさりげなく遊具の整理をしていた．そこへ，Rと気の合うMがやってきて「Rくん，どうする？　おあつまりする？　したくない？」Rの手を取り声を掛けた．RはMの手を握り，返事はせずMの顔を見ていた．Mは「Rくんやりたくないみたいだよ～．」と言いながら保育室に戻っていった．すると，Rはふっと保育室に入っていき，他の子どもたちと一緒に座り，時々Mの顔を見ながら集まりに参加した．

　集団保育の場では，障害のある子どももない子どもも日々かかわり合いながら育ち合っている．日常生活の支援にあたっては，その子への直接的な援助だけでなく，その子をともに生活する他の子どもたちとのかかわりも含めて援助を考えていくことが重要である．

【事例】
　5歳児クラスでの一場面である．このクラスには3歳児クラスから入園したAという発達障害（広汎性発達障害）のある子どもがおり，5歳まで同じメンバーで共に生活してきていた．ある日，運動会の練習のためにホールの入口で2チームに分かれて並ぼうとしていたが，子どもたちは騒いでいて並んでいな

かったために，担任から注意を受けてしまった．チームの先頭に立っていたNはもうひとつのチームの先頭にいたTに「そっちのチーム，ちゃんと並んでよ！」と強い口調で言う．Tが「そっち（のチーム）だって！」と言い返し，2人とも自分のチームに向けて「皆ちゃんと並ぼうよ！」と言う．AはTのチームのメンバーだったが，少し離れた窓から外を見ていたため，Nが「A，ちゃんと並んでよ！」と怒ったように言い，すぐに気まずそうな表情を見せた．Aは気に留めていない様子だったが，TがNに「何でそんなこと言うんだよ！Aはわざとじゃないよ！」と言い，Nがすぐに「わかってるよ！ わかってるけど……」と言葉を飲んだ．それを聞いていた周りの子どもたちも黙ってしまい，何と言ったらいいか分からないという雰囲気を共有しているようだった．その後，子どもたちはTの「ちゃんと並ぼうよ」とうい言葉を合図に並び始めた．この様子を少し離れたところで見ていた私には，子どもたちがAの困難さを分かった上で，けれどそのことを明確に表すことへのためらいと気遣いが入り混じっているように見えた．Aを無理に並ばせようとするのではなく，逆に気に留めないのでもなく，Aが同じクラスの一員として位置づいているということを感じた．その後，運動会の練習が始まり子どもたちが並んで入場していくタイミングでAはふっとTのチームの後ろに並び，一緒に歩いていった．

　この関係は一朝一夕に作られたものではない．保育者は，Aが他児に関心を向け始めた頃には他児の遊びとAの遊びを仲立ちしたり，Aの困難な部分を他児に話して共に考えたり，機会をとらえてできるだけAを褒めたり，できることは自分でするということを他児にも分かるよう配慮したりと，何度も悩みながら，Aと子どもたちが受け入れ合えることを願って援助を続けてきた．このような保育者の援助に支えられてAを含む子どもたちの関係性が作られてきたと考えられる．

　障害のある子どもの困難さはさまざまであり，その日常生活の支援もさまざまである．けれど，他の子どもたちがその子と生活を共にしながらその子を理解し，認めていくなかで，その子自身を尊重した適切な支援が広がっていく．

3）療育的支援にあたって

　"療育的支援"というと障害のある子どもに対する，他の子どもとは違ったプ

ログラムによる支援というイメージをもつかもしれない．ここでの療育的支援は，他の子どもたちも含むクラス全体の保育展開の中に行われる，障害のある子どもに対する対応や配慮のことである．座位が保ちにくい子どもの椅子の工夫や，歩行が困難な子どもの移動手段の工夫，言葉だけでは伝達がしにくい場合の視覚を用いた伝達の工夫，状況を見通した行動が苦手な場合の少し先の具体的な見通しを持つための工夫などさまざまである．一人ひとりの子どもが快適に生活できるための保育における配慮である．

　その障害の特性やその子の発達の状況を踏まえた援助の検討に際しては，関係機関の療育的視点等も重ね合わせることで，より適切な援助が可能となる．そのため，関係機関のスタッフが訪れ，保育観察を行い，その子の援助について意見交換を行うような障害児保育相談（巡回相談）が行われていることも多い．この障害児保育相談にあたっては，関係機関から一方的に"教えてもらう"のではなく，保育現場でのその子の生活の様子をきちんと伝え，保育者が専門家として対等に"話し合う"ことを強調しておきたい．それによって，両者におけるその子の理解が深まり，より適切な援助の方法を検討することが可能となるからである．障害児保育相談は，関係機関のスタッフが障害のある子どもに対して直接的な援助を行うものではなく，保育者との相談，助言が中心である．保育者はその場で検討された内容を，クラス全体の保育展開と関係付けながら具体的に実践していくことになる．

4）自己実現・自立支援

① 思い思いの遊びを通した自己実現

　子どもは，思い思いに遊ぶなかで，自分のイメージを実現し，自信をもって自ら遊びを展開していく．たとえば，お店屋さんごっこの中でジュースを売ろうと思いつき，そのための容器を用意し，どうしたらジュースらしいかを考え工夫して折り紙等でジュースを作り，ジュースを売ることができた（ジュース

を売るというイメージを自ら考えた工夫によって実現した）時，満足感と楽しかった思いとともに自信を持って更にお店屋さんごっこを発展させていくだろう．大人からしてみたら些細な「やってみよう」→「できた」が基盤となって大きく育っていく．自ら選んだ好きな遊びを通して，子どもはさまざまに自己を表現し実現し育っていくのである．

　障害のある子どもの場合，自分のイメージを表現するのが苦手だったり，遊びの選択が難しかったり，遊びが保育者や周囲の子どもに理解されにくく認められにくかったり，そのために適切な援助に結び付かなかったりすることがある．そのため，その子が何かをしたいと自ら遊びを選択したり，やってみたりできる環境構成や援助が大切である．どの子もそうだが，素材や遊具等が少なすぎても遊びイメージがもちにくく，多すぎても遊びを選択しにくい．もし，自ら遊べないでいる姿があるとすれば，その子にとっての環境として適切かどうかの見直しが必要である．

　また，他の子どもたちが遊ぶ姿も重要な環境のひとつである．その子にとって他の子どものどのような遊び（人数や内容，日頃の関係性等）が関心をもちやすいか，またそのような遊びが目に入りやすい環境になっているか等も検討することが必要である．

② 子ども理解と自立支援

　自立とは，食事や排泄，着替え等の生活習慣に身辺自立だけでなく，自分の意志に基づいて行動することも含められる．ひとつの事柄について，どこが自立の妨げになっているのかを丁寧に子どもの姿から読み取って支援する必要がある．関心がもてないのか，理解が不十分なのか，機能的な困難さなのか，要求が保育者に伝わらないのか等，さまざまな観点から検討する．それによって，伝え方の工夫や環境設定の工夫等の手立てを考えていく．また，日頃から自分の意志を伝えられるような場面や，自分の意志をもって選択し認められることで，自らやってみたいという気持ちが育つことが大切である．必要以上の手助

けは自分でやろうとする気持ちを削いでしまったり，経験のチャンスを奪ってしまったりとかえって自立を妨げてしまうことにもなりかねない．適切な援助の見極めが必要である．

5）記録および自己評価

① 日々の記録と評価

より子どもに合った保育実践となるよう，指導計画を立て（P），実践し（D），振り返り（C），改善する（A）過程を繰り返すことが大切である（PDCAサイクル）．その時に保育の記録が重要な役割を果たす．

次のような場面を想像して欲しい．

【事例】
　そのクラスでは，全身を動かすことを楽しむこと，身体のコントロールを身に付けることをねらいに，ホールでの巧技台を使った活動を計画し，みんなで行うことにした．3歳クラスであったが，そこには3カ月ほど前に一人で歩けるようになったばかりのAが在籍していた．全員が順番に並んで巧技台を登ったり下りたり，マットで前転をしたりする中で，Aには保育者が個別に身体を支えるなどして援助していたが，結局Aはその活動からは抜けてしまい，みんなの活動を眺めていた．

このねらい自体が適切なものであったかどうかは留保するとしても，Aも含めたクラスの活動として，適切だっただろうか．この実践を記録し，ねらいに対しての子どもの姿を評価した時に，Aの姿から改善すべき点が浮かび上がってくる．そのためにも，日々の記録と評価・反省を大切に行いたい．

② 保育所児童保育要録

「保育所保育指針」第4章1(3)エ(イ)に，「子どもに関する情報共有に関して，保育所に入所している子どもの就学に際し，市町村の支援の下に，子どもの育

ちを支えるための資料が保育所から小学校へ送付されるようにすること[2]」とある．幼稚園に関しては，この点について「幼稚園幼児指導要録」に示されている．書式は各市町村で決められているが，「保育所保育指針解説書」に記載された様式例では，「子どもの育ちに関わる事項」があげられ「子どもの育ってきた過程を踏まえ，その全体像を踏まえて総合的に記載すること[3]」と注釈がされている．

　保育者は，子どもたちがスムーズに小学校生活に移行し，新たな環境に馴染み生き生きと育っていくことを願っている．中でも障害のある子どもについて，大きく環境が変わることが苦手だったり，自分を表現することが苦手だったりすると，新しい生活に馴染めるだろうかと心配になることもある．小学校への情報提供が，"○○はできる" "○○はできない" といった断片的な申し送りでは，保育所での子どもの姿を総合的に伝えることはできない．「保育所保育指針解説書」には「一人一人の子どもの良さや全体像が伝わるよう工夫して記すとともに，子どもの最善の利益を考慮し，保育所から小学校へ子どもの可能性を受け渡していくものであると認識することも大切[4]」とある．たとえば「友だちに上手く思いを伝えられないことも多いが，諦めずに伝えようとする意欲が育っている」というように，心情や意欲も含めた生活上の子どもの姿を伝えることが可能となる．子どもの姿を的確に伝えるためには，丁寧に保育の内容と子どもの育ちを振り返り，把握，記録することが必要であろう．

(2) 保育環境の整備について

1) 環境と子どもの主体的活動

　子どもの育ちにとって，主体的活動が大切であることは，「幼稚園教育要領」および「保育所保育指針」に明記されている保育の原理である．「幼稚園教育要領」第1章総則には，「幼児は安定した情緒の下で自己を十分に発揮するこ

とにより発達に必要な体験を得ていくものであることを考慮して，幼児の主体的な活動を促し，幼児期にふさわしい生活が展開されるようにすること」[5]とある．また，「保育所保育指針」第1章総則3保育の原理㈡保育の方法には，「子どもが自発的，意欲的に関われるような環境を構成し，子どもの主体的な活動や子ども相互の関わりを大切にすること」[6]と書かれている．子どもは，環境にかかわって主体的に活動することによって，自ら必要な体験を得て育っていくことができる．言い換えれば保育者は，「子どもの主体的な活動を大切に」し，「子どもが自ら関われるような適切な環境を用意」する必要があるということである．

　子どもの"主体的な活動"を考える時には，その子が興味や意欲をもって行動しているか，驚いたり喜んだりと心が動く体験となっているかどうかを見極める必要がある．関心が向いていると，そこで驚いたり発見したり楽しんだりとさまざまに心が動き，その経験が豊かな発達に結びつく．さらには次の活動へと発展させ，経験の幅を広げていく[7]．また，自発的に環境に働きかけることで，自分自身の力や存在を感じることにもつながる．自らの興味や意欲を出発点に，さまざまな気持ちを体験し育っていくのである．

2) 安心して生活するための環境

　主体的に活動するためには，まず安心して過ごせる保育環境が不可欠である．安心できる保育者との関係はもちろんのこと，安心して生活できる環境のなかで，子どもは自ら遊び，自分の世界を広げていくことができる．はじめての体験で不安感が募る時，気持ちや行動が不安定な時，クラスの子どもたちとの関係がうまくいかない時などに，子どもが安心できる物理的な場所があると気持ちを安定させ，集団での生活を維持する支えとなる．たとえば，保育室内の一画にその子の好きな遊具や馴染み深いものを手に取りやすいように設定したり，ついたて等で区切って周囲の刺激を制限し落ち着ける場としたり，保育室を出

て職員室等に遊べる場所を用意したりすることもある．そのためには，子どもがどのようなことに不安を感じたり，意欲的な活動の妨げになっているのは何かを理解することが必要となる．

　自閉症スペクトラムの困難さとして，人との関わりの難しさがあげられる．困難さの内容はさまざまだが，大勢の子どもたちが生活する集団保育では，見通しがもちにくく安心できない環境になってしまうことも多い．そのため，可能な時には保育室内の子どもが多くなり過ぎないように活動の工夫をしたり，子どもがあまり来ないような落ち着ける場所を作ったりすることで，安心できることもある．また，多くの音や，壁面等の色や形の混在が，このような子どもにとっては刺激過多となることもある．そのような刺激を減らしてみたり，一日の生活が視覚的に分かるような掲示や，決まり事などを絵カード等で提示することも，見通しを持って生活しやすくなる工夫のひとつである．

3）主体的活動を支える環境づくり

① 子ども理解と環境づくり

　保育者は，その子が今どのようなことに興味や意欲をもっているのかを考え，子どもが自ら行動しやすいように環境を作っていくことが重要となる．その子の日頃の姿，体験したことや好きなこと等から予測して（子ども理解），活動がより深まることや，発展すること，または新たな興味が引き出されることを願って，目に触れやすいように，または手を伸ばしやすいように，試しやすいように……と環境を設定していく．この際，日々の記録や指導計画が大きな手掛かりとなるだろう．

　環境設定の根拠となる子ども理解は容易なことではなく，中でも障害のある子どもについて考える時，興味や意欲の表現が読み取りにくいことも多い．そのため，行動の読み取りをより丁寧にし，環境を工夫したり，試行する必要がある．子どもの関心に応じて柔軟に遊具や素材を変えたり，または柔軟な使い

方の可能な素材を選ぶといった工夫も必要である．また，障害のある子どものなかには，特定の行動に囚われてしまって，興味や意欲をもった行動が妨げられてしまう場合もある．まずはその子にとっての行動の意味を考えながら，時間を掛けて繰り返し他の行動に誘ったり，時には思い切って周囲の環境を変えるなどして，子どもの主体的な行動を引き出し，支えていきたい．ここでもやはり，常にその子の興味関心を読み取り，検討することが重要である．

② **主体的活動と環境の工夫**

　子どもは安心して過ごせる場で，主体的に行動することによって，自分の存在感を十分に感じることができる．困難なことが多くなってしまったり，できないという思いが強くなってしまうと，自分に自信がもてなくなり，主体的に行動できなくなったり，安心して過ごせなくなってしまい，自分の存在も否定的に捉えてしまうことがある．とくに，障害のある子どもは困難さを感じる場面が多くなりがちである．そのため，保育者はそのような場面が多くならないように工夫したり，困難さを乗り越えられるよう気持ちを支える等，間接的，直接的な援助をすることが必要である．まず，その子がどのような困難さをもち，何が苦手なのかを，日々の姿から把握することが重要である．そのうえで環境を工夫するこによって，自分で行えるようになることも少なくない．たとえば，掛けておくタオルの位置や，イスの高さ，着替えた衣服のしまい方，ままごとの素材や描画のペンや紙の種類等など……．生活習慣から遊びの素材までさまざまに検討することができるだろう．

【事例】
〈素材の選択〉
　5歳児クラスのMは発達の遅れがあり，バランスよく身体を動かしたり手先を使うことが苦手で，遊びの中でも自信をもてずにいるようだった．このクラスでは，女児数名を中心にお祭りごっこが盛り上がっており，Mもよく焼きそばを買って食べる真似を楽しんでいた．しかし，時折フライパンなどに触れる

姿が見られることから、Mは本当は焼きそばを作りたいのではないかと、保育者は考えた。焼きそばは、まず毛糸をハサミで切ってからフライパンで炒めており、手先が器用でないMは毛糸をハサミで切ることを敬遠しているのではないかと考え、保育者は毛糸の他に折り紙を用意し、焼きそば用の毛糸の横に置いた。するとMは、子どもたちが少なくなってから、折り紙を切って焼きそばを作り始めた。しばらくして保育者が焼きそばを買いに行き、それを見ていた他児もMからやきそばを買って食べる真似をすると、Mはとても嬉しそうにしていた。

〈道具の位置と活動の工夫〉
　5歳児クラスでは、全員でクリスマス飾りを作ることになった。日頃、製作の時には各々の席で作ることが多かったが、この日は室内に「ハサミのコーナー」「のりづけのコーナー」「飾りつけのコーナー」などコーナーに分け、子どもたちがそれぞれの工程に沿ってコーナーを移動しながら製作するようになっていた。保育者は、発達の遅れのあるKがこの頃ハサミを使うことを楽しむようになったことや、製作の時に他児らよりも進度が遅いことを気にする様子が見られたため、このような環境設定にしたとのことであった。また、いつもはKと他児とは製作の進度が違うために、お互いに見合いながら製作することができなかったが、コーナー別にすることで、それが可能になるのではないかとのことであった。この日のKは、ハサミのコーナーで繰り返し紙を切ったり、飾りつけのコーナーで紙にペンで描いたりしていたが、他児らとの工程の違いはめだたず、また、好きな友達の真似をする様子も見られた。

　いずれにしても、保育者が「皆同じように行動すること」を求めてしまうと困難さを抱える子どもは、自信をもてず辛い生活となってしまうことだろう。そもそも、保育は障害の有無にかかわらず一人ひとりに合った援助を基本とするものであり、このような保育者の援助によって、障害のある子どもも、障害のない子どもも、ともに尊重し合い育ち合うことができるのである。

(3) 健康・安全に配慮した保育環境を考える

1）健康管理としての保育環境

　保育の現場での健康管理の基本は，子どもの保健衛生環境である採光，日照，換気，保温，湿度，清潔さらに過度な音や騒音防止などについて，細心の注意を払うことからはじまる．そのうえで，一人ひとりの生命と健康の維持を目的として，食事，排泄，睡眠といった日々の生活リズムを規則正しく整え，子どもが快適な生活環境を主体的に楽しむことができるようにすることが，保育のポイントとなる．

　障害のある子どもの場合，室内環境を不快に感じたときや体調が悪いとき，そのことを自分で十分に伝えることができない子どもが多くいる．また，障害があるために感染症にかかると重症になりやすい，おう吐しやすくむせやすい，つまずいて転びやすい，呼吸が苦しくなりやすい，パニックを起こしやすいといった特性をもった子どももいる．そのため，周囲の者が子どものわずかな変化にも気づき，配慮することが必要である．健康状態の把握は，① 元気さ ② 機嫌　③ 食欲　④ 活発さ　⑤ 顔色　⑥ 顔つきや表情　⑦ 睡眠状態　などを観察することから始まる．平素の健康状態と比較して異なる子どもの変化をとらえ，早めに対応しなければならない．

　医学的な処置を受けている子どもや服薬中の子ども，保育のほかに専門機関で療育を受けている子どもについては，子どもの健康上の配慮や療育の全体状況を把握しやすい保護者と，日常的に可能な限り密接な連携を保ち情報交換をしておくことが重要である．そして，子どもへの対処方法については，クラス担任だけでなく，園全体の職員が理解しておくとより対処がスムーズとなる．

2）食事環境

　食事は，日常生活で毎日必ず繰り返される行動である．しかし，障害の特性によっては食事に苦手感をもったり，抵抗感を感じる子どもがいる．また免疫不全やアレルギー疾患をもつ子どもは，食材が制限されたり，加工にも配慮が必要になることがある．発達障害のある子どもの場合には，触覚や嗅覚に偏りや過敏性があるために，極端な偏食をもっていることも多い．

　保育者が食事環境として考慮しなければならないことは，食材への配慮，食事の場所や基本的生活習慣となる食事活動の学習環境などがある．

　食材は，子どもの偏食をなくすという観点だけでなく，障害の特性上，食べてよいかどうかを考慮する必要も生じる．アレルギーのある子どもの場合には，食材によってアナフラキシーショックを起こすなど生命にかかわる場合もある．食事の内容をチェックすることや，子ども自身の自己管理能力の程度を理解し，緊急時の対応ができるようにマニュアルを作っておくことも必要である．また，感覚過敏があって食材に抵抗感をもっている子どもの場合には，無理に偏食を矯正しようとすると，パニックを起こしたり，食事そのものができなくなることもある．保育者は子どもの特性を調理担当者と共有し，加工方法の工夫で匂いや食感を変えたり，見た目を工夫することも必要であろう．しかし，保育者の配慮で一番大切なことは，子ども同士の関係を利用しながら，楽しい雰囲気で食事ができる環境を創ることである．友だちがおいしそうに食べる姿を見ることに励まされ，徐々に偏食が減ることも多い．

　発達障害のある子どもの場合，複数で食事をする際に，行動上の問題が起こりやすい．自分の食べる範囲が理解できずに人のものにまで手を伸ばしてしまい友だちとトラブルになったり，食事に集中できずにすぐ席を立ってうろうろしたりする．また，食事の始まりや終わりの合図がわからず，勝手に食べはじめるなど，集団でのルールを身につけることが難しい子どももいる．友だちと楽しく食事をするためには食事のマナーを理解することも必要である．保育者

は，テーブルの配慮や食器の位置，食事の手順をわかりやすく示すなど，食事のための行動をわかりやすくする工夫し，マナーを習得させることも大切である．

　重症心身障害のある子どものなかには，食べ物を飲み込むにも援助が必要な場合がある．食事を流動食にしたり，食事の時の姿勢を工夫するなど，理学療法士や看護師など他の専門職者と検討しながら，友だちと顔の見える位置で食事ができる環境を工夫することが大切である．

　食事については，正しい食生活習慣が健康増進に役立つこともあるので，単に栄養のみならず，障害をもつ子どもが楽しく食事ができるように配慮したいものである．

3）安全な環境への配慮

　一般に乳幼児は，運動機能などが未発達な状態であるため，周囲の変化に対して臨機応変に対応できにくい不安定な状態にある．とくに，障害のある子どもの場合にはそのような傾向がより強くみられる．知的な障害のある子どもはことばによる禁止やルールを理解し守ることができにくいので，環境への配慮がいっそう必要になってくる．具体的には以下のようなことがあげられる．

①　出入り口

　障害をもつ子どもがまだ十分に自分の行動をコントロールできない状態にあるなど，危険が予想される時には，一次的に出入口に鍵をかけることも必要になることがある．そのことも含めて，人権侵害にならないよう十分配慮し，「出ることができない」というきまりもあることを理解させる．さらに，行動を制限される状況から徐々にことばの指示にしたがって自ら安全を図るために行動をコントロールすることを学んでいく必要がある．

② 触ると危険なもの

　刃物，薬品，洗剤，破ってはいけない書籍，壊してはいけない物，汚してはいけない物など，触ってはいけないものについては，なるべく子どもの目にふれないところや鍵のかかる場所に置くようにする．しかし，いつかは子ども自身が，破ってはいけない，壊してはいけない，汚してはいけないということがわかるようにならなければならない．このようなものをいつまでも子どもの目に触れないところに置いておくことは，周りのおとなにとっては楽なことかもしれないが，子どもにとっての成長・発達につながらない．破る，壊す，汚すというのは人間の欲求の本質に近い行動なので，まず破ってもよいもの，たとえば古新聞や古雑誌，新聞の広告などをしっかり飽きるほど破らせ，汚してもよいカレンダーの裏紙などに自由に納得がいくまで落書きさせておくことは，日常生活の中で欠かせないことである．しかし，壊してはいけないものについては，何でも思うがまま壊すことを許すわけにはいかないので，そのときには，ただ叱るだけでなく，壊れてしまったものはもう元には戻らないことを，その子にわかる方法で真剣に伝えることが大切である．

③ 事故につながる可能性があるもの

　電話，コンセント，熱湯の出る蛇口，ポットのボタン，電気器具，消化器など扱い方によって事故につながる危険があるにもかかわらず，障害をもつ子どもは強い興味を示す．これらのものは置き場所を工夫する必要がある．また，浴槽，洗濯機のなかなどに関心を示す子どもも多いので，蓋をすることを心がけ，やけど，打撲や転落，溺水などのけがや事故につながらないよう配慮しなければならない．

④ 危険防止の手立てが必要な場所

　日常的に利用する二階の窓や階段，ブランコなどは，園全体で危険防止の手だてを講じなければならないが，危険という感覚をもちにくい子どもに対して

は，とくに，その子どもの状況にあわせて生活環境を工夫して，危険防止の措置をとる必要がある．しかし，子どもは予期しないところに出かけていったり，土管や工事中の土山など思いもかけない所で遊んだりすることがある．子どもの運動機能や判断力などの発達特性に合った注意や指導が行われなければならない．この指導が，障害をもたない子どもを含む全員に対して計画的に行われるならば，集団としての安全性が高まり，ひいてはその中で生活をともにする障害をもつ子どもの安全も高まることになる．

⑤ 安全に関する指導

安全に関する指導にあたっては，① 情緒の安定を図り，遊びを通して状況に応じて機敏に自分の体を動かすことができるようにするとともに，② 危険な場所や事物などがわかり，安全についての理解を深めるようにする，③ 交通安全の習慣を身に付けるようにする，④ 災害などの緊急時に適切な行動がとれるようにする必要がある．とくに，幼児期の事故は，そのときの心理的な状態が大きく影響するので，日々の生活の中で，保育者は個々の幼児が安定した情緒を保ちながら行動できるようにすることが大切である．

しかし，子どもに安全な生活をさせようとするあまり，過保護になったり，禁止や叱責が多くなったりした結果，かえって子どもに危険を避ける能力が育たず，けがが多くなるということもある．子どもが自分で状況に応じて危険を回避するようになるためには，障害のある子どもにおいても，日常の生活の中で十分に身体を動かして遊ぶことが必要である．実際に行動することで危険な場所，事物，状況などがわかったり，そのときにどうしたらよいかを体験を通して学びとることができる．そのためには，保育所・幼稚園全体が，子どもの障害の状態を踏まえ，子どもの遊びの動線や遊び方に配慮した環境となっていることが大切である．

さらに，災害時の行動の仕方や不審者との遭遇などさまざまな犯罪から身を守る対処の仕方を身につけさせるためには，子どもの障害の状態や発達の程度

に応じて，基本的な対処の方法を伝えておくとともに，家庭，地域社会，関係機関等とも連携して子どもの安全を図る必要がある．とくに，火事や地震を想定した避難訓練は，年間を見通した計画の中に位置付け，災害時には保育者の下でその指示に従い，一人ひとりが落ち着いた行動がとれるようにすることが重要である．日ごろから安全に関する実施体制の整備も大切であり，危機管理マニュアルなどを作成しておくと緊急時への対応がスムーズとなる．

⑥　落ち着くことのできるスペースの確保

　家庭でかんしゃくを起こしやすい子ども，保育所・幼稚園などの集団生活になじみにくい子どもやコミュニケーションをうまくとれない子どもには，安心できるコーナーや部屋が望まれる．とくに自閉症の子どもには，養育者や保育者と1対1の関係を保てるような場所やひとり遊びが楽しめる場所があると，パニックや感情の乱れを落ち着かせることができる．気持ちがおちついてくると子どもは自らの意志で集団のなかに戻っていくようになる．この安心できる空間については，集団になじみにくい子どもや保育室に入ることを頑固に拒む子どもに対して欠かすことのできない配慮となる．

⑦　毎日過ごす場所―すべての子どもにとって安心できる保育室―

　保育室や園庭は，障害をもつ子どもに限らずすべての子どもにとって，保育室が心地よい安心できる居場所となるよう，清潔で温かく，また，その部屋の特徴となるような環境構成が行われることが望まれる．保育室は，自然にその場所に集い，違和感なく昼間を過ごすことのできる安定した場所とならなければならない．そのためには，まず保育室が秩序立った場所であることが必要である．毎日毎日，自分が過ごす場所や使うものはいつも同じだということを認識させることで，子どもは無意識のうちに保育環境に安心感をもつ．この安定した環境が，子どもの情緒面や行動面を落ち着かせることにつながり，もっとも健康に配慮した環境ということになる．

園庭は，子どもたちが気持ちを開放し，身体機能を十分に使ってのびのびと活動する場所である．また，自然の変化を知り，冒険に挑戦する意欲を培い，スピードやスリルを味わい，仲間と力を合わせて活動する楽しさを学ぶ場所でもある．しかし，一方で，年齢や体力，運動能力，要求などそれぞれ違う子どもが接触する場所であり，さまざまな危険も生じやすい．遊具の衛生や安全確認，使い方のルールなどをわかりやすく提示する必要がある．その際，子どもの主体性を尊重できる環境づくりが優先されるのはいうまでもない．

しかし，一方で，園外とも直接つながる場所であるだけに，日々園庭の条件は変わる．発達障害のある子どもは，興味のあるものをすぐに口で確認してしまったり，触ってしまうことがある．危険な場所，汚染されやすい場所，外部とのかかわりなどを日頃から注意深く観察しておく必要がある．また，周辺住民との協力関係を築いておくことも，さまざまな危険を未然に防ぐことにつながる．

注）
1）〜4），6）厚生労働省「保育所保育指針解説書」2008年
5）文部科学省「幼稚園教育要領解説書」（www.mext.go.jp/a_menu/shotou/new.cs/）
7）「幼稚園教育要領」第3章第1 1(4)の中に，「その際，心が動かされる体験が次の活動を生み出すことを考慮し，一つ一つの体験が相互に結びつき〜」とある．

参考文献
本保恭子「3-5健康に配慮した保育環境づくり」『障害のある子どもの保育実践』学文社 2013年
佐藤泰正『障害児保育』学芸図書 2002年
白石正久『はじめての障害児保育』かもがわ出版 1995年
田代和美『新・保育講座⑮障害児保育』ミネルヴァ書房 2003年
文部科学省『特別支援学校学習指導要領解説 総則等編』2009年
大西文子『子どもの保健演習』中山書店 2012年
巷野悟郎『保育の中の保健改訂版』萌文書院 2010年

文部科学省『特別支援学校学習指導要領解説　自立活動編』2009年
辻井正『障害児保育の考え方と実践法』エンデル研究所　1999年

第2部

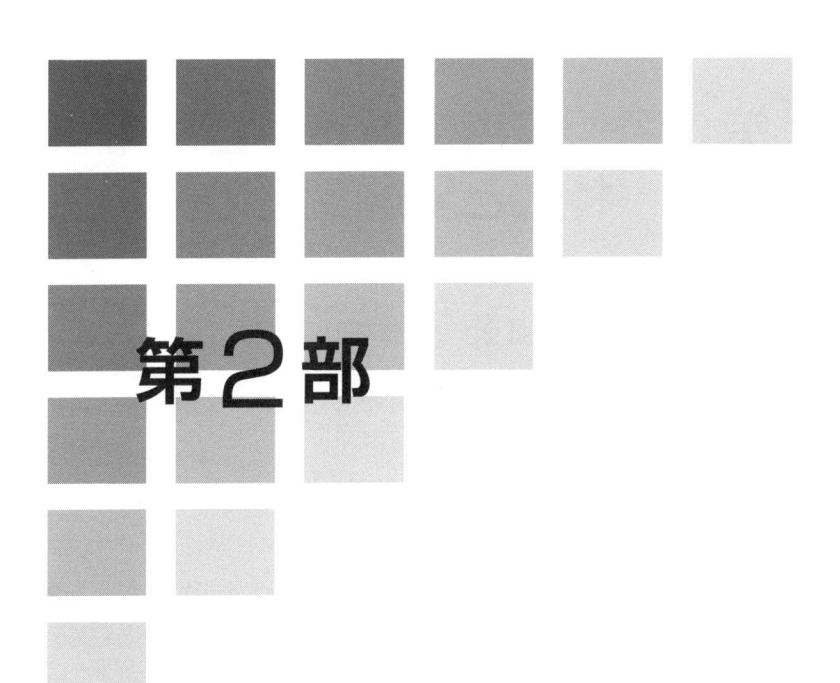

障害のある子どもの保育の実際

第6章 障害のある子どもの特性と発達支援の留意点

(1) 発達支援の風景──身体機能の発達と支援──

演習1　言語・聴覚障害のある子どもと"ことば遊び"

1）聴覚障害とは

① 聴覚障害とは

　子どもがことばを話し始めるのは生後12カ月前後といわれているが，実際には生後すぐから周りの人のことばを聴き，日常生活をともにする身近な人との表情・声音などのやりとりを通して，ことばを理解する力を育てている．ことばの発達には，ことばを聴く（聴覚），その意味を理解する（大脳），話す内容を考える（大脳），声に出して言う（発声・発語器官）という，各機能が必要となる．したがって，そのうちのいずれかの機能が十分でない場合，言語理解や発語の問題が生じる．表6-1に示すように，子どものことばの障害にはさまざまな要因があるが，いずれの場合もお互いに通じない苛立ちや困難さを抱えることが予想される．その意味で，ことばの障害は子どもとその周囲の人との人間関係の問題に発展することが予想される．したがって，保育現場では，子どもとその周囲の子どもとのコミュニケーションの仲立ちをする保育者の役

表6-1　子どもの言語障害の種類

言語発達の遅れ（知的障害に伴うもの，聴覚障害に伴うもの）
構音障害（機能的構音障害，器質的構音障害，運動障害性構音障害）
吃音
音声障害
失語症

割が重要である．保育者は，子どもの伝えたいことをことばだけでなく，視線や表情，動作等，身体全体の表現から把握し，気持ちをことばにして伝えるということを実際の行動を通して子どもたちに学ばせる．ことばの獲得に困難を抱える子どもの場合，身振りや絵などその子どもがわかる手段も併せて使いながら伝えることも大切である．子どものことばの発達は，運動，生活習慣，対人関係，認知など，子どもの発達全般と密接に関連している．子どもの生活体験を豊かにしながら，保育者が丁寧に関わることが重要である．

② 聴覚障害のある子どもの早期発見と支援

乳幼児の難聴は言語や社会性の発達に影響を及ぼすため，早期発見，早期療育が重要である．そのため，近年は「新生児聴覚スクリーニング」[1]が各地で実施されるようになった．「新生児聴覚スクリーニング」[2]は，出生後1週間以内の子どもを対象に，主として産科で行われる．この検査によって，出生からまもない時期に難聴の疑いのある子どもの発見が可能になった．しかし，この検

表6-2 難聴の程度と子どもの様子

程度	聴力	子どもの様子
軽度	30dB以上 40dB未満	一対一の会話に支障はないが，ささやき声は聞き取れない．軽度難聴では，小さい声の会話が聞き取りにくく，聞き返しがある．高い音の聞こえが低下している場合には，「さ」行音や「た」行音などの聞き取りがむずかしい．したがって，これらの子音の発音異常を認めることがある．また，ことばの発達が遅れる場合もある．
中等度	40dB以上 70dB未満	近くでの一対一の会話は聞き取れるが，少数の話し合いは困難である．聞き返しや聞き誤りが多くなる．ことばは獲得するが，語彙や文の発達が遅れ，発音異常を認める．
高度	70dB以上 90dB未満	耳もとでの大きな声や大きな物音には反応する．しかし，日常では音に対する反応が不良で，0才代や1才代で難聴が発見されることが多い．ことばの発達は遅れる．「話しことばがない」ことを理由に受診した子どもに高度難聴が存在したという場合もある．
重度	90dB以上	日常では音に対する反応はほとんど認められない．聴覚を通して，音声言語を獲得することが困難である．ことばの発達は重篤に遅れる．

査の普及率は地域差が大きいという報告がされている[3]．また，出生時には聴力が正常でも，仮死出生など障害のハイリスク児の場合，難聴が遅れて出現するケースがある．さらに，髄膜炎や流行性耳下腺炎による後天性難聴もある．そのため，1歳6か月児健診や3歳児健診が難聴の早期発見に重要な役割を占める．

難聴はきこえの程度により，重度，高度，中等度，軽度に分けられる．難聴の程度による子どもの様子は表6-2に示す通りである．いずれも言語発達の遅れが生じるため，他者とのコミュニケーションに支障をきたし，生活上の困難が生じることが予想される．

2）聴覚に障害のあるK君の保育事例

聴覚に障害のある幼児が集団活動に参加する際どのような点に配慮する必要があるのか事例をもとに考えてみよう．

> 【事例1-1】K児 （3歳2カ月，療育開始0歳4カ月）
> 　家族は，父・母，本児の3人である．父母の就労のため，近くに住む祖父母が育児に協力している．Kは生後3日目で受けた新生児聴覚スクリーニングがきっかけで難聴が発見された．0歳5カ月から両耳に補聴器を装用し，療育を開始した．難聴の程度が重く，補聴器のみでは音声言語の獲得が困難であったため，1歳6カ月の時に人工内耳の手術を受けた．人工内耳の装用開始後，生活音に対する反応が良好になり，音声言語を獲得できるようになった．2歳10カ月，Kは地域の保育所に入所した．Kは保育者と1対1であれば簡単なやりとりが可能であったが，朝の会や紙芝居などのクラス全員が集まる場面では保育者の話を聞いて理解することが難しく，周囲の子どもの様子を見て状況を理解するという状態であった．また，自由遊びの時間，Kは他児に関わる姿がほとんどみられず，ブロックやままごと遊びの道具を使ってひとりで遊ぶことが多かった．

保育所に入所して間もない時期，保育者は，Kがどの程度聞こえているのか，Kにどのようにかかわればよいのかという保育上の不安を抱えていた．そこで，

家族の承諾を得て，Kの療育担当者が保育場面を観察し，Kの人工内耳を装用した状態での聞こえについての情報提供とKへのかかわり方についての助言を行った．療育担当者は保育者に次のように助言を行った．

「Kは人工内耳を装用し，音への反応は良好だが，遠く物音や小さな音に気づくことは困難であり，人工内耳の聞こえには限界がある．また，呼びかけには気づいても，会話の内容を理解する力はまだ十分ではない．発語（話すこと）の発達も，身近な人と簡単なやりとりができる程度で，遅れがあり，他のお子さんと会話をすることはまだ難しい状態である．クラス全員が集まる場面では，周囲が騒々しいと聞き取りが難しくなるので，先生がお話をされるときには，静かに聞くとことを子どもたちに伝えてほしい．また，話の内容がKにわかるよう，絵や写真を見せたり，ジュエスチャーなどの視覚的な手がかりも使って，伝えるとよい．」

その後，保育者と療育担当者は連絡ノートで情報交換を行い，Kに対する個別支援のあり方について検討を行った．その結果，次のような個別支援の目標と保育上の留意点について，共通理解を図った．

① 個別支援の目標
- Kが生活の流れを理解し，決まった場面では決まったことばがあることを理解する．
- 保育者とのやりとりを基盤に，保育者に支えられて他児とかかわる力を養う．

② 保育上の留意点
集団場面ではKの座る位置を保育者の顔がよく見える前列にする．そして，クラス全員の子どもに対し，話を聞くときには「静かに聞く」ことを指導する．また，実物や絵を用いて，話の内容がわかるように工夫をする．保育者はKとの1対1でのやりとりを大切にしながら，次第に他児に関わって遊ぶことがで

きるよう，子ども同士のやりとりの橋渡し的存在となる．

〈検討課題1〉
- Kと周囲の子どもたちとのコミュニケーションが成立するために，遊びの場面で保育者は具体的にどのような援助をすればよいのだろうか．

入所から3カ月が過ぎ，保育所の生活に慣れてきた，7月頃のKの様子をみてみよう．

【事例1-1】砂場で遊ぶ
　Kは，砂で団子を作っていた．同じクラスのTはKの近くできれいな砂（サラサラの砂）をカップに入れていた．Kは，そのきれいな砂を指し，隣にいる保育士を見つめた．
　保育士が「Kちゃんもほしいの？」と尋ねると，Kは静かにうなずいた，保育士はTに「Kちゃんがその砂，ほしいんだって」と言った．Tは「うん，いいよ」と言い，カップを持ってKのそばに来た．保育士がKに「よかったね，Tちゃんがくれるんだって．」と言うと，Kは笑みをうかべてコップをTに差し出した．Kはきれいな砂をもらい，「ありがとう」とTに言った．そして，「パラパラ」と言いながら，その砂を自分の作った団子の上にふりかけた．その後，「どうぞ」と言い，保育士に団子を渡した．保育士が「パクパク，おいしい」「お団子　おいしいね」と食べるふりをすると，Kはうれしそうに微笑んだ．

Kは，Tが持っている砂に指をさすことで，保育士に「自分も欲しい」という気持ちを表している．まだ，自分からTに気持ちを伝えることがむずかしいため，保育士がKに代わって気持ちを伝えた．Tから砂をもらった後，Kは自発的に「ありがとう」と声を出した．砂をふりかけるときの「パラパラ」，保育者に作った団子を渡す時の「どうぞ」という語も，自発的な言葉である．このように，保育者に自分の気持ちを受けとめてもらうことでKは安心し，他者に対してことばで気持ちを表すことができるようになっていた．

次は，10月頃のKの様子を見てみよう．運動会を経験し，クラス全員での

活動が多い時期で，Kは流れのある活動を理解し，異年齢のクラスの子どもが集まるまで待つことや順番を守って保育室に入ることもできるようになった．

> 【事例1-1】どんぐりを拾いに行く
> 　保育室に集まった子どもたちは保育者から散歩に行く話をきいた．保育者がどんぐりやまつぼっくりがあるかもしれないというと，口々に，どんぐりを拾ったことがあると言った．Kには他児の話の内容がわからない様子であった．
> 　散歩に出かけ，どんぐりがたくさん落ちているのを見つけた子どもたちは大喜びで，拾ったどんぐりを友だちと見せ合った．Kも「これ，みて」と，得意げに自分が拾ったどんぐりを保育者に見せ，「おうちにもってかえる」と言った．散歩から保育所にもどった子どもたちは，どんぐりをままごと遊びに使うヨーグルトの空き容器やペットボトルに入れて遊んだ．Kもその中に入り，どんぐりを容器に入れてスプーンでかきまぜたり，ペットボトルに入れ，振って音を出したりした．保育者は，その姿を見て「楽器ができたね」と言い，どんぐりころころと，歌い始めた．周囲の子どもたちにまじってKも保育者の歌に合わせて歌ったり，ペットボトルを振ったりして楽しんだ．

　3歳を過ぎると，子どもは自分が経験したことを話すようになる．それを聞いた他の子どもも同じように自分の経験を話し始めるという姿をよく見かける．しかし，Kはまだ目の前の出来事でなければ話を聞いても内容を理解することができない．そのため，体験に基づく話が子どもたちの間で広がっていくと，Kはわからなくなってしまうようであった．

〈検討課題2〉
・Kが子どもたちの話の内容を理解できるようになるには，どのような援助が必要か検討してみよう．

　さて，この散歩は，Kにとってどんぐりを見つけた喜びと，家にもって帰りたいという気持ちが高まる出来事であった．幼児の言葉は，豊かな体験と体験をともにした人との共感が土台となる．Kが周囲の子どもたちのなかに入り，拾ってきたどんぐりで遊ぶ姿には，楽しかった気持ちが表れている．他の子ど

もと一緒に歌を歌ったり，ペットボトルを振って音を出したりしたことが心に残り，クラス全員で体験したこととして，帰りの会で話題にとりあげられれば，Kも話の内容を理解することができると考えられる．

3）ことばを育むための保育者の役割

　難聴の子どもの場合，言語発達に遅れのある子どもも少なくない．今回，取り上げたKの事例は，人工内耳を装用し，聴覚を活用して音声でのコミュニケーションを主として行う子どもであったが，手話や指文字が主なコミュニケーション手段である子どももいる．そのため，子どもがわかる手段を使って，まず保育者と1対1でのやりとりが成立するよう，子どもに丁寧にかかわることが大切である．そして，子どもが登園から降園までの時間を安心して過ごすことができるよう，実物や絵，写真を用いて視覚的にわかりやすくする工夫も必要となる．集団保育の体験は子どもが他の子どもとの関係を築いていく重要な機会である．したがって，子ども同士の交流を深めることができるよう，保育者がコミュニケーションの仲立ちをすることが必要である．

演習2　肢体不自由・重症心身障害のある子どもと"身体表現遊び"

1）肢体不自由および重症心身障害について

　肢体不自由は，聴覚障害や視覚障害，内部障害などとともに身体障害に分類される障害のひとつで，体幹（四肢を除く身体部分）の支持が困難であったり，四肢や体幹の運動機能に障害が生じたりするものをいう．身体障害児の数は，近年，やや増加傾向にあるが，これを種類別にみると肢体不自由児の占める割合がもっとも多くなっている．子どもの肢体不自由の原因は，脳性まひが約半数近くと多くを占めている．脳性まひは，胎児期から新生児期までの間に脳が

損傷を受けることによって発現するが，出生時の脳の損傷によって発現することがもっとも多く，脳の損傷の状態によって障害の状態や程度が違ってくる．また，てんかんや知的障害など他の障害を合併することもある．脳性まひでは，知的障害と身体障害が重複し，日常生活の身辺自立が困難な重症心身障害となることも多い．

　肢体不自由児や重症心身障害児の発達は，頻繁に発生する不随意運動や四肢の痙直による変形，筋力の低下などによって，年齢が上がるほど不自由さが生ずる場合も多い．また，肢体不自由児や重症心身障害児の個々の障害は，身体機能の不自由さだけでなく，活動の制限に伴う生活経験や人とのかかわりの制限，コミュニケーションの不足などさまざまな発達の遅れを生じる要因となる．こうした子どもの状況を理解し，医学的処置や理学療法などによる療育・訓練のできる環境を整備することが必要である．さらに，多様な子ども集団や活動内容を準備しておくことで，乳幼児期からの豊かな生活経験を社会参加，自立につなげられる．

　たとえば，寝返りをうてない子どもについて，障害の状態や程度などについて，医療や療育・訓練の専門機関，専門職者が連携をとりながら，どのような治療や訓練方法が，その後の成長・発達や生活をより豊かにしていくのか，もっている能力を発揮できるのかを検討していくことが必要である．

　同じ脳性まひのなかでも，緊張の激しいアテトーゼ型の場合，発作を伴う場合，拘縮の強い痙直型の場合などがあり，それぞれの状況にあわせて療育・訓練の内容を検討する必要がある．一方，進行性筋ジストロフィーにみられるように，その疾患によっては疲労を残すと進行するものや，骨折しやすくなるものもある．さらに，体力や運動経験など個人差もあるので，運動量の限界を知ることも大切である．まひのある子どもが走る場合には，発作，転倒，ケガと結びつく危険性が高い．上肢のまひが激しい場合，転倒によって，顔や頭を強打する危険がある．子どもの顔色，表情などの日頃の状態をよく理解しておき，体調に配慮しながら療育や保育に参加させることも，援助者にとって大切なこ

とである．たとえば，脳性まひ児の水泳指導について，かつては不随な運動を強め，姿勢のバランスを失わせるといった理由から，不適切な運動とみなされてきた．しかし，水泳は浮力によって骨格，関節，腱などへの負担が軽くなるので，現在では，脳性まひ児にとって適切な運動といわれている．水泳は，指導員から全身の大きな動きを援助され，体全体のバランスを取ったり，コントロールの仕方を習得していく過程で，体の動きを学習するだけでなく，リラクゼーションや主体的に体を動かす楽しさ，さらに人とかかわる楽しさの体験にまで発展させられる．

感覚運動遊びを通して子どもの心を開放し，楽しい雰囲気のなかで自然に身体を動かす状態にもっていくことができれば，「楽しい」，「リラックスする」，「心地よい驚き」，「感動」などの感覚的な発達とともに身体の正しい動きを方向づけることができやすい．

運動能力の発達は，バランス感覚や皮膚感覚などさまざまな感覚と密接に関連しあいながら，体力の基礎づくりをするとともに，子どもの活動への意欲，社会性や創造性など総合的な発達を促すといえる．

2）運動機能の発達援助を目標にした事例

次の事例は，脳性まひ児Aちゃんの幼稚園での集団活動の様子をまとめたものである．Aちゃんは，療育訓練と並行しながら，幼稚園での友達とのかかわりを支えに，身体機能の回復と人とのかかわりも広げている．

【事例2-1】脳性まひ児Aちゃん，3歳，女子．父母と妹の4人家族
　Aちゃんは，1歳過ぎても，両手で体を支えながらでないとお座りができなかった．3歳になった現在，自力歩行はできるもののバランスを取ることが難しく，長い時間まっすぐ歩いたり，両足でジャンプすることは難しい．Aちゃんは，筋肉がやや低緊張のため筋肉のコントロールが悪いということで，2歳頃から療育センターで週に1回の機能訓練を続けている．訓練は，筋力をつけ，

> 姿勢保持のための平衡反応を誘発することを目標として，トランポリンでのゆさぶりによる働きかけから開始された．施設での訓練開始時は，ゆさぶられる動きをいやがっていたが，次第に動かされることを喜び，動かされることを求めるようになっていった．機能訓練の成果もあがってきたので，友達と一緒に遊びを経験させ，社会性の獲得とコミュニケーションの発達をめざしたいという親の希望で，幼稚園に入園してきた．集団保育の経験ははじめてである．幼稚園入園時にはトランポリンの上での座位は安定するようになっていたが，一人でキャンバスの上に立ちジャンプすることは難しかった．そこで，幼稚園でもトランポリンの活動を継続することにした．現在，児童発達支援センターで療育を受けながら，幼稚園に通園している．

① 幼稚園でのAちゃんの身体表現あそびの目標

児童発達支援センターのPTと連携をとりながら，現在のAちゃんの体力，健康状態，運動能力の状況を把握し，Aちゃんの身体表現遊びの保育目標を次のようにした．

- リラックスしてトランポリンの活動を楽しむ．
- 身体のバランスのとり方を身に付ける．
- 床ではできない身体活動をトランポリンの活動で自己開放・表現する．
- トランポリンの活動を通して他児とのコミュニケーションを図る．

② 指導のプロセスと評価のステップ―療育から幼稚園入園まで―

まず，Aちゃんを幼稚園のトランポリンに慣れさせるためにキャンバスの上で自由に遊ばせ，楽しい雰囲気をつくる（慣れない場所を嫌がる場合には，子どもの好きなおもちゃをいっしょに乗せるなどして自由に遊ばせ，安心して楽しめる状態をつくる）．

次に，Aちゃんをトランポリンの上であお向けにして寝かせ，保育者がキャンバスをゆっくりゆらす．心地よい状態をつくるために，激しい振動は与えないよう配慮する．仰向けになることに恐怖を感じなくなったら，腹這いにして寝かせ，保育者がキャンバスをゆっくりゆらす．

トランポリンの上で保育者は子どもを抱きかかえるようにして座り，リズムに合わせて，子どものからだを左右に傾けるようにしてゆらし，安定座位の練習をさせる．さらに，あぐらを組む姿勢で座らせ，関節を使った遊びを楽しみ，同様にゆさぶり，安定座位の練習を行う．

ここまでの段階は，幼稚園に入園するまでにＡちゃんが児童発達支援センターで経験し，ほぼ獲得している運動能力であるが，Ａちゃんに安心感を与えるため入園後も導入の活動として継続している．

トランポリンを使って，Ａちゃんの平衡感覚やジャンプ力の獲得の過程を，保育者が児童発達支援センターのPTと情報交換をしながら，保育の活動でさらに強化してきた．

今後の課題は，立位でのジャンプの力を身につけることである．

〈検討課題３〉
・児童発達支援センターの療育で，Ａちゃんはどのような運動機能を獲得したのだろうか．また，幼稚園に入園したＡちゃんにどのような活動を提供していけばよいのだろうか．Ａちゃんの幼稚園での発達課題は何か検討してみよう．

③　指導のプロセスと評価のステップ―幼稚園入園後のトランポリン遊び―

Ａちゃんが幼稚園のトランポリンに慣れてきたら，保育者は子どもと向かい合って手をつないで立ち，リズムに合わせてキャンバスをゆする．この段階では，ジャンプすることが目的ではなく，トランポリンの自然な弾性を楽しむことが大切である．

幼稚園では，Ａちゃんが空中での定位を維持したり，体の方向性を認識できるようになることを目標にして，手すり付きのトランポリンを利用した．Ａちゃんは，キャンバスの上で自由に意図的にジャンプすることができるようになり，感覚を楽しむことができるようになった．また，手すり付きトランポリン

の利用で,他児と同じ活動ができたことでAちゃんはいっそうトランポリン遊びを喜び,意欲をみせるようになった.

そこで,保育者は,「1,2」のリズムを,「1,2,3」「1,2,3」のリズムに変え,両足でとびあがる運動を経験させるようにしていった.このように,トランポリンの上下動のリズムに変化をつけることにより,子どもに,いろいろな運動のタイミングを学習させることが可能となり,より高度な調整力を要求される課題達成の手がかりがつかめることになる.

最終的には,子どもは自分の感覚だけをたよりに,運動を調整し,一人でジャンプできるようになることを目標とする.

以上のようなステップをふまえて,ジャンプができなかったAちゃんは,ほぼ2カ月後には立位が安定し,3カ月後にはジャンプができるようになった.

入園後3カ月で,Aちゃんはバランス感覚を身に付け,立位でのジャンプができるようになった.まだ保育者との1対1のかかわりのなかで援助を受けながら遊びを継続している状態である.

今後の課題は,同じクラスの子どもたちと遊びを共有し,身体能力の向上をともに楽しむことができるようになることである.また,トランポリンを離れ,「飛ぶ」「揺れる」「転がる」といった運動遊びに参加していく支援計画を作成する必要がある.

〈検討課題4〉
• トランポリンを利用して運動機能を獲得しようとする時に,保育者はどのような点に配慮する必要があるか検討してみよう.また,バランス感覚やジャンプの力をつけるために,トランポリン以外でどのような運動器具を使えるか,考えてみよう.

④ 指導のプロセスと評価のステップ―運動遊びと集団活動―

Aちゃんは,トランポリンを利用することで,空中での自分の姿勢を維持す

る感覚を身につけた．また，友達と一緒に運動することの楽しさも体験することができた．

そこで，幼稚園では，これ以降の運動遊びの目標と活動内容について，次のように検討した．

- ○　活動の目標
  - その場で飛び上がるという運動から，ものを飛び越したり，飛び降りたりする運動に変化させる．
  - 運動の多様化を図り，バランスが維持できるようになる．
  - Aちゃんが，クラスの子どもたちと一緒に運動遊びを楽しめるようになる．
- ○　サーキット遊び
  - フロアーに置いたロープをとび越す．
  - 10〜20cmくらいの高さの台からとびおりる．
  - はしごや積み木渡りを用いたサーキット遊び等を通して集団での活動を楽しむ．

3）事例に関する検討事項

いろいろな遊具のなかで，トランポリンは，年間を通して多くの用途に使用でき，しかも障害の有無にかかわらず子どもの発達に不可欠の感覚運動刺激を与え，筋力をつけ，行動を調整する効果がある．最近の特別支援学校では感覚運動訓練室だけではなく各教室にも小型のトンポリンを設置し始めている．粗大運動能力が低い片まひのある子どもについては，まひのある側の下肢を使わせることによって，上肢の保護伸展を促進させたり，平衡反応を誘発させたりすることができる．

このように，効果の多いトランポリンの活動であるが，① 集団保育のなかでどの時間帯にどのタイミングで他児に参加させたらよいのか工夫を要する．

健常児においてもトランポリンを好む幼児は多いため，不公平感の無いよう遊ばせるための指導計画の作成が課題となる．また，②トランポリンは，費用の面で容易に設置できない場合もある．このようなとき，他の「ゆれる」，「転がる」，「とぶ」といった活動を楽しみながら行うことができる遊具や環境の確保が必要となる．

4）障害のある子どもの課題

重症心身障害児は，神経・運動機能に重い障害があるため，寝たきりの子どもが多く，働きかけへの理解が確認できない，あるいは感情をうまく表現したり，意思表示をする手段が乏しい子どももいる．したがって重症心身障害児支援の場合は，まず感覚器官を触発させることが必要である．

具体的な活動例として，ガラガラをふりながら，ゆっくり耳元から遠ざけたり近づけたりする，しっかりガラガラを見せながら右から左へ動かし追視を促す，水平，上下や円運動する色鮮やかな吊るし玩具をゆっくり揺らしなら言葉をかける，抱きかかえて揺らしたり，揺りかごやハンモックを用いてゆっくり揺らしたりする，音楽や光の変化に合わせて子どもの手を動かせ・身体を揺する，身体に軽く触れる，タッピングをする，さする，身体を起こす，静かに抱きしめるなどがあげられる．

重症心身障害児は，相互に作用するコミュニケーションの手段に乏しいため，ややもすれば保育者からの一方通行の働きかけになりがちである．重症心身障害児への基本的接し方として，①反応が引きだせているか，②相互作用となっているか，③子どもの自発性を促しているかの3点がポイントとなる．また，この3点は，働きかけの評価のポイントでもある．

重症心身障害児は，反応の評価が困難な場合も多い．しかし，保育者ができるだけ子どもの反応を引き出すように子どものレベルに合わせ，自発性を促すように反応を待つ態度で接することで，一方通行にはならないコミュニケーシ

ョンが生まれ，発達促進につながる．

　肢体不自由児や重症心身障害児の場合，それぞれの子どもの実態や達成目標の個人差が非常に大きいため，発達を促す支援は往々にしてマンツーマンで行われることが多い．個別の支援計画としては，「生活（食事や排泄など）」，「あそび」，「他児とのかかわり」，「運動機能の向上」，「集団生活への適応」の５つの項目について，それぞれに細かい「実態」，「目標」，「手立て」，「評価」が必要となる．具体的内容として，「どの場面」で「主にだれ」が「どのようにかかわるのか」ということが記述されていなければならない．

　クラスの他児への配慮も忘れてはならない．園が保護者と医療・療育機関からの情報をよく理解し，障害児の実態やクラスとしてのめざす方向性を共有できるよう他児への説明にも配慮しなければならない．集団保育の場では，そのような障害のある子どももいることが当たり前の社会であることを他児にも気づかせ，「ともに活動できる場面（たとえば感覚遊びや行事）」と「健常児と障害児が別の活動を行う場面」をクラスの子どもたちに考えさせ，支え合えるクラスづくりをめざしたいものである．

参考文献
　古木明美『幼児期・学齢期のインテグレーション支援：難聴幼児通園施設における支援』聴能言語学研究, 18(2)　2001 年
　「新生児聴覚スクリーニングの効果的実施および早期支援とその評価に関する研究」班　新生児聴覚スクリーニングマニュアル　厚生労働科学研究費補助金子ども家庭総合研究事業　2007 年
　本保恭子「7 章　障害児の体育指導」幼児体育学会編『幼児体育第 4 版』大学教育出版　2013 年
　酒井幸子・田中康雄『発達が気になる子の個別の指導計画』学研教育みらい　2013 年
　白川邦子『感覚運動を育てる』コレール社　1986 年
　仁志田博司『医療スタッフのためのムーブメントセラピー』MC メディカ出版　2003 年

朝倉次男『重症心身障害児のトータルケア』へるす出版　2012 年
名倉雅子『肢体不自由児の医療・療育・教育』金芳堂　2012 年
松尾　隆『脳性麻痺と機能訓練』南江堂　2000 年
斉藤秀元『子どもが喜ぶ感覚運動遊び　40 選　障害の重い子のために』福村出版　1994 年
竹内　進『障害児の遊び・ゲーム　ワンダーランド』いかだ社　2000 年

(2) 発達支援の風景──知的機能の発達と支援──

演習3 知的障害のある子どもの造形遊び

1）知的障害とは

　知的障害について，「就学指導の手引」（平成14年6月文部科学省特別支援教育課）では，「発達期に起こり，知的機能の発達に明らかな遅れがあり，適応行動の困難性を伴う状態[1]」と定義している．また，厚生労働省知的障害児（者）基礎調査では，調査対象の「知的障害」について，「知的機能の障害が発達期（おおむね18歳まで）にあらわれ，日常生活に支障が生じているため，何らかの特別の援助を必要とする状態にあるもの[2]」と定義した．このように，わが国では知的障害について共通する定義が定められていない．そこで，これらの定義のもととなっているアメリカ知的・発達障害学会（AAIDD : American Association on Intellectual and Developmental Disabilities）の定義をみると，「① 知的機能が平均以下（IQ70～75程度以下）であること ② 適応スキルの領域のうち，2つ以上の領域で制約がある（適応スキルの領域とは，コミュニケーション，身辺処理，家庭生活，社会的スキル，コミュニティ資源の利用，自律性，健康と安全，実用的学業，余暇，労働の10種類である）．③ 発症年齢が18歳以下であること[3]」となっている．この定義の特徴は，知的障害を知的機能の遅れとして固定的に捉えるのではなく，生活経験や適切な支援によって変化する適応スキルの状況を把握することによって判断しようとするところにある．

　文部科学省では知的障害の判断に当たって「知的機能及び適応機能の発達の状態の両面から判断すること．標準化された知能検査等の知的機能の発達の遅滞を判断するために必要な検査，コミュニケーション，日常生活，社会生活等に関する適応機能の状態についての調査，本人の発達に影響がある環境の分析等を行った上で総合的に判断を行う[4]」（文部科学省初等中等教育局長通知）ことに留意しなければならないと述べている．

つまり，知的障害の場合，その家庭や社会での日常的な経験が発達上重要な学習となり，その後の生活の様相にも大きく影響するということである．とくに人格の基礎が形成される乳幼児期の生活経験は，その後の社会生活等の適応状況に大きく影響する．

幼稚園教育要領や保育所保育指針では「生涯にわたる人格形成の基礎を培う」重要な時期として幼児期を捉え，「幼児は安定した情緒の下で自己を十分に発揮することにより発達に必要な体験を得ていくものであることを考慮して，幼児の主体的な活動を促し，幼児にふさわしい生活が展開」することを重視するように求めている．

適応機能に遅れが生じがちな知的障害のある子どもにとっては，乳幼児期の生活環境への配慮が，成長・発達にとってとくに重要となる．この時期に自己を十分に発揮する機会を尊重され，自分自身を大切な存在として認識できる体験をすることで自尊感情が育まれ，主体的に行動したり，意欲的に自分の思いを伝えようとする行動につながる．また，人との安定したかかわりを積み重ねることによって，思いを表現することの楽しさを体得する．こうした日常生活のなかでの経験は，「生活していく力」を身につけることにつながるといえる．

2）知的障害のある子どもの造形遊び

子どもは，自分を表現するための方法をたくさんもっている．その中のひとつが造形という表現活動だといえよう．子どもの造形の中心である造形遊びとは，材料用具を用いて表現する活動を表しているので，絵画表現だけでなく粘土や積み木，箱や糊を使った立体的なものの製作についても含まれている．すべての保育者は，子どもたちが造形遊びを楽しみ，自由な表現によって自己のイメージを広げていくことを願いながら，子どもと向き合って毎日を過ごしている．ここでは，保育活動の中にある造形遊びについて，考えていきたい．

① 障害のある子どもと造形遊び

　造形とは，その言葉のように，形をつくることが原点にある．紙を切ったり貼ったり，絵を描いたりすることに留まらず，積み木や折り紙，粘土や泥を用いて形作るもの，水を用いたもの等さまざまである．造形遊びに共通した基本要素として，「形態」と「色彩」があげられるであろう．それらは単純なものから，徐々に複雑に絡み合って，より創造的な活動になってゆく．たとえば用具を手にもつことから始まり，なぐり描きだった曲線が意味をもちはじめ，輪郭線のなかに着色がされるようになる．こうして紙上の線画と着色によって絵画表現が達成されていく．絵画表現を始めとする子どもの造形遊びは，複雑なブロックの構築のようにもたとえられ，それぞれのブロックの節目に合わせて，保育者は温かく子どものステップにそっと手を添え，育ちを見守ることを繰り返す．その点で保育者と子どもの関係は，障害のある子どもであろうと障害のない子どもであろうと違いはない．なぜなら造形という表現活動において大切なのは，それぞれの子どもの発達への理解と製作環境への配慮であるからである．

　子どもの描画発達には①錯画期，②前図式期，③図式期，④写実期があるといわれている．この発達段階は，あくまでも子どもを理解するうえでの目安である．多くの子どもは，成長にともなった科学的知識の広がりのなかで，心のおもむくままに絵を描くことが少なくなることも事実である．ところが，反対に言語発達の遅れや認知における障害によって，その傾向が阻止されることもある．つまり，知的機能の発達による抽象化や象徴化がむずかしく，そのために写実性に優れた作品を仕上げることができる[5]というのである．ただし，後の言語発達により絵画的効果が減退していく場合も，うまく維持できる場合もある．したがって子どものそのような発達的特徴を理解し，大切にした保育者の援助が必要になってくると考えられる．

② 造形遊びのねらい

　造形遊びは大きな可能性をもつ学びの場であるといえる．活動を通して期待される学びとそれを最大限に引き出すための大切な要素を，キーワード別に簡潔に述べていく．

　ⓐ　刺激による感覚体験

　障害のある子どもは，感覚機能が鈍感であったり，あるいは逆に過敏であったりすることがあるので，造形活動の中ではとくに触覚を使った遊びを取り入れて，さまざまな感触を体得したい．まずは手に何かもってみることから始まり，次に色々なものを触ってみる．椅子や机，画用紙，パスのような画材，そして口に入れても安全な小麦粉粘土やスライムなど，つるつるしているもの，ざらざらしているもの，さらには，ねばねばしていたり，ぬるぬるしているもの，このような触感を直接指や手で確かめていくことによって，生活するうえで必要な感覚を多く体験できるであろう．また，そのような体験を積み重ねて受け入れることによって，その子にとっての心地よいと感じる感覚の世界を広げられ，自己解放にもつながっていくのである．

　ⓑ　感覚の統合

　頭で考えたことを動作にする，つまり動作の意識化をめざすために，紙をもって→ちぎる，ハサミをもって→切る，糊をつけて→貼る，といった一連の流れを認知→行動という形で結びつける経験が大切である．目で見てこうしようと考えたことを手を使って行う，そのような結びつきを「目と手の協応」と呼ぶ．さらに，作ったものから音がでる・傾斜を使って転がすことができる・飛んだりはねたりする，など動くものを目で追ったり，自分のつくったもので遊んだりすることによって，目と手だけではなく耳を使った協応動作にも発展する．

　ⓒ　認知能力の育成

　色・形・大きさ・数・位置というような情報を確認しながら活動を進め，形を描いたり作ったりすることによって無理なく対象物の理解・弁別が可能にな

るようにする．またそれらを使って表現することで，認知能力の発達につなげていく．すべての子どもの造形遊びに共通することだが，子どもたちの描いたり作ったりした作品について技術向上にこだわったり，それを評価したりするのではなく，感じたままを楽しく表現できる場にするための環境づくりを大切にし，共感することが大事であるといえる．

ⓓ 記憶につながる感動

子どもたちが作った作品の保存を心がけて欲しい．とくにおもちゃのような工作作品の保存によって，しばらく時間が経過した後も「あの時作って遊んだ，楽しかった」という記憶を刺激することにもなり，記憶から動作の意識化の促進もできる．何より再び遊んで楽しむ時間をもつことができる．作品とともに感動も一緒に保存することで，記憶する力や外部とのコミュニケーションなど得るものは多い．時間差を使って記憶力や認知能力を育むのは，造形遊びの効果的な特徴である．

ⓔ 楽しく没頭できる時間

これまでに述べてきたように，手指の触覚と行動の結びつきをはじめとして，視覚，聴覚，などのいろいろな感覚を体験し，頭で考えたことを動作にして協応させる．そして形や大きさの違いを楽しみながら自己表現をし，作り上げた作品を用いて遊び，楽しい時間を記憶する．それぞれの行程に必要なことは，時計では計ることのできない，快い熱中の時間の存在であり，それこそが子どもたちの健やかで多面的な成長を可能にする．子どもが熱中する造形遊びのひとつに，プリンティングを用いた活動がある．

〈プリンティング（絵の具をつけたビー玉をころがして）〉

ビー玉が落ちないように紙箱の中に画用紙を入れ，その箱の中で絵の具のついたビー玉を転がし，軌跡として表れる絵の具の線を楽しむ活動である．保育者は，色別にバットを準備して，絵の具をやや薄めに水に溶かしておきビー玉を入れて絵の具をつけておく．子どもたちはビー玉をバットから紙の箱までスプーンを使って移動させ，箱を揺らしてビー玉を動かして遊ぶ．できた線の形

や色を確認し楽しみながら，ビー玉を転がした画用紙を取り出し，さらに切ったり貼ったりすることで，作品を完成させる．

次は，ダウン症R君のいるクラスの集団活動の様子である．
R君の障害の特性を考慮した個別の援助や配慮すべき点，安全面と学びのプロセスなどについて，子どものもつこだわりの見極めに留意しながら，支援計画を立て，具体的に検討してみよう．

〈事例3-1〉
☆子どものプロフィール
　ダウン症候群R君　5歳（年長クラス）．家族は両親と妹の4人である．
　1歳半健診で保険師・医師と面談し，言語訓練・歩行訓練を開始した．
☆R君の状況と本児をとりまく保育活動の経過
　3歳の時に保育所に入園．この時は言語訓練と並行して，友だちとのコミュニケーション能力を獲得することを目標に個別の支援計画を作成した．現在は基本的生活習慣もほぼ自律し，クラスの仲間であれば簡単なやりとりができるようになった．またクラスの仲間からの刺激に意欲的に応えようとしている．
　一方，同じクラスの5歳児がR君にかかわり過ぎることにより，R君が頑なになる場面がある．先日も造形活動の場面で次のようなやりとりがみられた．
　バットからビー玉を移動させるとき，友人のJ君が手伝おうとしてバットに手をかけた．ところがR君がJ君のことをいきなり叩いた．J君はびっくりして泣いてしまった．
　作品を完成させ，昼食（お弁当または給食）の準備のために皆は片付けを始めた．しかし，R君は床に座り込んで動かなくなってしまった．

現在では，就学に向けて身のまわりのことを自分ですることや友だちとことばによるかかわりを広げていくことを目標としている．表6-3はプリンティングをとり入れた保育実践の展開例である．この表を参考にして，次のことについて検討してみよう．

表6-3　保育実践の展開

学びの要素	造形遊びの例	環境・準備	指導方法	子どもの活動	指導上の配慮・援助	学びの展開
①刺激による感覚体験 ②感覚の統合 ③認知能力の育成	プリンティング（絵の具をつけたビー玉をころがして）	・画用紙が入る紙箱 ・画用紙 ・ビー玉 ・バット ・薄めに溶かした絵の具（赤, 青, 黄, 白） ・スプーン	一斉	○ビー玉転がし ・教師の話をきく	・ビー玉の思いがけない動きの楽しさを知らせ, 活動への期待を高める ・色の名前を確認する	④記憶につながる感動 ⑤楽しく没頭できる時間
			個別	・バットからビー玉をスプーンで移動させる	・バットに箱を近づけ, ビー玉を移しやすいように促す	
			個別	・箱を揺すりビー玉を動かして遊ぶ	・色が重なって混色されていることに気づくよう言葉をかけ, またその気づきを共有する ・ビー玉の転がる音を楽しむ ・偶然できた○や△の形に気づき, その名前を確かめる	
		・色画用紙 ・ハサミ ・糊 ・ふきん	個別	○切り貼り ・画用紙を箱から出す ・ハサミで切る	・破れないように静かに取り出す ・画用紙の中に表れているどの形を切るか決定できるよう声かけをする	
			個別		・ゆっくり形を切り抜くことができるよう励ます ・糊を平たい皿に出しておく	
				・色画用紙に糊で貼る	・ふきんで糊のついた指を拭く ・活動が終わる時間が近づいていることを早めに告げる	
			個別	・完成した作品をみる	・自分や友達の作品を見て形や色の違いを楽しむ	
			一斉			

〈検討課題1〉
・J君を叩いたR君の気持ちを考え，J君との関係を支えるために必要な保育者の配慮を考えてみよう．

〈検討課題2〉
・R君が場面の変化に適応し，次の行動に移れるようにするための援助について考えてみよう．

③ 問題の解釈：支援へのヒント
・人への興味・関心が強く，集団への適応性の高いダウン症児が周囲からの励ましやかかわりによって，心身ともに日々成長していくことは嬉しい事実である．R君の事例では，他者が必要以上に干渉したことによって，自分でできること・自分でしたいことが阻害されてしまい，R君はその憤りを言葉ではなく叩くことで表現してしまったと考えられる．保育者は，仲間の優しい気持ちを大切にしながらも，本人の活動に対する積極性をうまく汲み取り，同年齢の幼児同士が対等に気持ちを共感することのできる環境を作ることが求められる．
・知的な発達に遅れがある場合，物事に取りかかったり，終わりにしたりする切り替えがすぐにできないことがある．一方，人の模倣をすることが得意な子どもは，行程や選色をする際に友だちの行動や様子をみてから物事を始める．そのため全体の行動が遅れてしまうことがある．しかし自分のすることがわかると，その後は非常に製作に熱中することもある．したがって終了する時間が来ても，まだ続けていたい気持ち，その気持ちを伝えたいけれど説明できない苛立ちが生じる，といった心の状況が考えられる．一斉指示のあと，個別に声をかけ，次の行動への移りかわりを手順よく示し，場面の転換を予想できるように知らせたりすると，心の整理がつきやすくなるであろう．

④ 保育者の可能性

　子どもたちのもつ障害にはさまざまなケースがあり，発達段階も個性もさまざまである．だが，保育者はいつも子どもの生活に寄り添い，その子の育ちに目を向ける．その姿勢がどんな活動においても変わることがなければ，子どもは温かい環境の中で自ら成長をしていくであろう．障害の重い軽いにかかわらず，子どもに寄り添う保育者の願いは同じであり，伸びやかな成長を助け，見守る存在であるといえる．障害のある子どものための保育のなかで保育者は，子ども一人ひとりの発達の違いを理解するだけでなく，それぞれの行動や動作の意味，その手順を丁寧に考えて感じるための時間をより多くもてるのだと思う．造形遊びを楽しむための保育者の役割は，子どもの表現の可能性を広げることである．実りある造形遊びに不可欠なのは，子どもに対して柔軟に対応する感性をもち続けることと，子どもたちが共に育ちあい，その中で自己肯定感を味わうことのできる楽しい活動の場の提供をすることである．その子の心からの表現を導き出すために，保育者は子どもの目をもつ者であってほしいと願う．新しいものに触れた時の，あの喜びを思い出してもらいたい．「新しみは外になく内にある．物になく心にある．」と倉橋惣三は述べている[6]．それが，造形遊びを真の成功に導く近道だと信じている．

演習4　知的障害のある子どもの音楽と表現遊び

　人間は生活の中で喜びや悲しみを表現するために踊ったり，歌ったり，音を出したりすることを通して，自分の気持ちを表現し，人とのかかわりをもってきた．

　乳児期は母親の歌いかけやあやし言葉に手や足を動かしながら「アーウー」と声を出すことを楽しむ様子がみられたり，音楽を聞くと手足をバタバタさせる様子がみられる．また，音の出るものに触れながら音を出して遊ぶ，また，保育者の手遊び歌を模倣しようとしたり，自分で即興的に声を出して喜んだり

第6章　障害のある子どもの特性と発達支援の留意点

する.

　さらに幼少期になると音・音楽に触れながら豊かな感性や表現力を身につけ，音楽を使って自己表現したり，また，音楽を通してコミュニケーションをとることができるようになる.

　子どもは，身の回りのさまざまな事象に興味・関心をもち，考えや思いを張り巡らし，さらに考えたことや感じたことをイメージし，言葉や音楽，身体活動など，さまざまな手段で相手に伝えようとする．なかでも音楽は生まれてすぐから日常的になじんだ表現手段であり，子どもにとっては受け入れやすい表現方法といえる.

　つまり音楽を使った遊びは，子どもが心地良いと感じる環境をつくり，コミュニケーション手段としても使いやすく，個々の子どもの発達水準に応じてさまざまに変化させて関係性を築くのに有効であるといえる.

　子どもの音楽表現遊びには，大きく「聴く活動」，「音を出す活動」，「歌う活動」，また，「音や音楽を聴いて身体を動かす活動」，「音楽を創る活動」がある．これらの活動は，子どもたちにとって何より楽しく大好きな活動であり，だからこそ音楽活動を通して，子どもたちの心身の豊かな成長・発達を促すことができるといえる.

　近年，発達障害児を対象とした音楽療法が盛んに行なわれるようになってきた．若尾裕氏は，「音楽療法は『治す』というより，発達を『援助する』に近い活動で，心身をよりよい状態に『変容させる』活動である．子ども一人ひとりの小さな反応に目を向け，音楽を通して働きかけ，またその反応を受け止める活動を繰り返し，対象児・者が『変容していく』突破口を探していくことであり，音楽療法と保育の音楽活動や，遊びの内容には共通するところがたくさんある[7]」と述べている．発達の著しい乳幼児期にはさまざまな手段を通して自らの要求・感情を表現し，人とのかかわりと自分の存在の認識を深めていく時期である．したがってみんなで一斉に歌う，求められたものを演奏するといった音楽活動ではなく，それぞれの表現したい要求を音楽を使って表現し，さま

ざまな感情を共有できれば，音楽表現はより豊かで楽しい活動となると思われる．

【事例4-1】 A児（ダウン症，女児4歳）

家族は，父，母，兄と本児の4人である．

保育所に通うA児は，年中クラスで一日の大半を過ごしている．母親には一語文で要求を伝えるがクラスの子どもたちとは言葉でのコミュニケーションは難しい．友だちとかかわりたい様子もみられるが，恥ずかしがり屋で自信が無く，保育室の中では，一人で過ごすことが多い．自分の手や他児の手を口に入れたり，モノを口の中に入れて確かめようとする傾向も見られる．母親はこれらの行動についてA児にとって嫌いではないという表現であると話していた．ダウン症の特性として筋力の弱さが指摘されるが，A児は握力が強く一端人の手やモノを握りしめるとそれらを離すのに時間がかかり，力の加減を取ることが難しい．両親は，集団の中で他児とかかわって楽しく過ごしてほしい，他児とことばを介したやりとりや自己主張ができるようになってほしい，モノを口に入れる固執傾向を少なくしたいと望んでいる．

〈検討課題3〉

・年中児クラスにいるA児が集団活動に意欲的に参加しようとするようになるためには，どのような援助が必要だろうか．現在のA児の発達課題とあわせて考えてみよう．

　A児を取り巻くクラス集団は，A児の発達援助に大きな役割を担っている．そのためには，A児の発達課題が上手く組み込まれた表現活動をとり入れられるかどうかが重要なポイントとなる．

　そのために，保育者は実際の活動に入る前に，A児の生育歴等の情報を得ることが必要である．

　具体的には，障害の特性や身体機能，認知，運動機能等の発達，コミュニケーション能力の程度等発達の状況，家族関係や療育歴等ついて情報収集をしておかなければならない．そのために発達診断等を行う専門機関との連携も必要

である．また，好きな音や楽器，声域，音楽活動の経験等について情報を得たり，A児の得意，不得意も知っておくことが必要である．いずれにせよ保育者の鋭い感性や観察眼が求められる．

　こうした情報をもとに，保育者はA児の保育の目標を短期，長期に分けて設定した．

　短期目標は，A児が保育者や他児とかかわる活動を通して，できる喜びや楽しいと実感できる体験を増やし，自信をもつこと，手やモノを口に中に入れる行動を軽減することとした．長期目標は，A児が単語ででも他の子どもとことばによるコミュニケーションができるようになることとした．

　集団での保育活動のなかで，A児の方から他児へ積極的に働きかけていくことは現状では難しい．そこで他児がA児へ遊びへの誘いかけをするように支援し，将来的にはことばを介してかかわれるようになることが目標となる．まず保育者は，クラスの子どもたちにA児の気持ちの表し方を伝えた．また，自分たちの気持ちをA児にわかる方法で伝えなければならないことを理解させ，どんな方法がよいか考えさせた．保育者はA児が音楽が好きなこと，友だちの言うことはかなり理解していることを伝え，相互のかかわりが芽ばえるように援助していった．その際A児が自分でできる課題を与え，自分でできた時の喜びや達成感・充実感も味わうことができるように配慮した．そのうえで手伝ってあげようとしている子どもには，A児との共同関係が形成できるように言葉をかけた．

　手やモノを口の中に入れる固執行動は，他児から見ると気持ちが悪い，汚いといった負の印象を与えることにもなりかねない．それによって他児がA児とかかわることを避けることも考えられる．ここでは，A児が喜んで参加できる活動を用意し，固執的な行動から意識をそらせることができる活動を考えなくてはならない．

　また，知的障害のある子どもの場合，認知機能の遅れから時間的概念，物事の始まりや終わり，時間の流れ，長短などを理解することが難しいといわれて

いる．A児も行動の取りかかりの始点や終点がわかり難く，集団活動参加するタイミングを失い自信をもって参加することがむずかしくなることが予想される．

そこで，A児が次の場面の展開を予想し自分の行動を自覚できるようにBGMを流すなどの配慮をした．

以上の点を配慮し，毎日の保育活動に，子どもたちが自由に表現できる活動を取り入れて支援計画を立ててみる．

〈検討課題4〉

・A児の発達課題に沿って達成感や成功体験をもたせるための音楽を使った遊びを創作してみよう．その場合，あくまでも集団活動の中でのA児と他児とのかかわりがスムーズにいくように配慮しなければならないがどのような配慮が考えられるだろうか．また音楽遊びの中で使う歌や楽器についても考えてみよう．

まず，その子の障害や発達課題に適応した保育目標を設定する．そのうえで，子どもにとって音楽活動が楽しいものであると認識でき，意欲的に参加したいと感じられる活動から導入することが大切である．音楽活動の最終的な目標は，自己表現の手段を多様化させ，将来の自立や社会参加の機会を増やすことである．そのためには音楽活動が，個々の子どもの発達ニーズに沿ったものであり，その子らしい手段で，楽しく自己表現できることや，仲間と共有できる活動になるよう配慮することを忘れてはならない．

【事例4-1】〈短期目標に向けた実際の活動の様子〉
　登園直後の朝の挨拶終了後，子どもたちはコの字型に座り，保育者の歌を聞きながら手首を振って関節の柔軟体操をする．保育者は中央に座って歌を歌いながら手を打ち，その後子ども一人ひとりの前に立って，子どもたちと歌をうたいながら保育者の手を叩く．A児から手が出ない場合は，保育者の方から叩

いてみる．また，手のひらを叩くだけでなく，握手をしたり，手を上に伸ばし手合わせしたり，タンブリンを叩いて歌いかける．A児は保育者の手を叩いて応答するが終始うつむき加減で，声での応答はない．しかし，タンブリンを高くあげて叩く時には，顔面もタンブリンを捉え，手を高くあげて叩いた．保育者は，その様子を見て「手が高くあがったね，音が出たよ，すごい！」と褒めた．するとA児は，保育者の方を見ながら顔面に笑みを浮かべ，繰り返しタンブリンを叩いて応答した．その後，朝の音遊びの時には，徐々に保育者の方に顔を向け音を出して応答するようになった．数日後，子どもたちは円陣になって椅子に座り，自分で歌いながら右隣の子どもにタンブリンを回していく活動を行った．その際，A児は大きく手を振り，隣の子どもを見ながら大きな音で叩いていた．3周したところで，今度は子どもたちが自分で好きな楽器を選んで叩いて回す遊びを試みたところ，A児は，自分で楽器を取らずにB児がもっているスズをうつむき加減で見ながら楽器を回すのを止めてしまった．保育者は，A児に「どうしたの？　叩きたい楽器があるの？」と問いかけると，A児は，「スズ」と小声で応えた．その後A児は保育者から別のスズを受け取り，スズを鳴らして楽器を回す遊びにも参加するようになった．次に歌を歌いながらみんなで紐を回していく集団遊びをとり入れた．初期の段階では紐から手が離れて手を口の中に入れることもあったが，最近では歌の速さに合わせて両手でスムーズに紐送りができるようになり，自分から紐をもってきて他児に紐送りをしようと声掛けする姿もみられるようになった．これと同じ時期に，自分の手を口に入れることも少なくなった．

〈検討課題5〉
- タンブリンという楽器を使ったことでA児の様子にどのような変化がみられたのか．また一連の音楽活動の中でA児のどのような発達課題が達成できたのか考えてみよう．
- 保育者の問いかけに「スズ」と応えた場面での保育士の意図，接し方について考えてみよう．また，他の支援方法について検討してみよう．

本事例では，一日の保育活動の中で，短時間の集団音楽遊びを試みることにした．音楽を通した遊びは，音楽自体が規則正しいリズムやフレーズで構成されているため，行動の始点や終点が理解し易い．

そこで，朝の挨拶は歌を歌いながら挨拶することにした．続いて歌遊びを展開した．またA児が，モノを口に入れる固執行動から離れられるように，歌を歌いながら他児と両手で紐を回していく遊びを取り入れ，歌が終わると回す動きを止めるようにした．このように人の動きと歌がつながっていることを意識させることで始まりと終わりも認識できるようになる．次に打楽器をもって参加し，歌いながらバチで叩く音出し遊びをした．この遊びは，他児もさまざまな打楽器をもって叩いたり，みんなで一緒に音を合わせていく活動へと発展した．

これらの音遊びの活動では，遊びのルールを理解し，集団遊びのなかに入ってみんなと遊べること，音が自分で出せた成功体験を増やせること，また，歌遊びや音遊びを通して他児とやりとりが可能になり，自然に他児とのコミュニケーションができるようになるという意味をもっていた．

障害のある子どもたちが自らの感情や欲求を表現する手段として，また，人とのかかわりを学び，成長・発達していく手段のひとつとして，音楽が有効だといわれ，大切な役割を果たしているのは，音楽自体の特性によるものだといえる．音楽は，リズム，メロディー，ハーモニーの3要素から構成されており，これらの要素が複雑に絡みながら対象児に働きかけていく．そのために，子どもは，自分自身が可能だと思う方法で，また心地よいと思える形で反応することができる．たとえば，体でリズムを刻む，メロディーにのせて声を出す，楽器の音や人の声に耳を傾け，それを真似てみるなど，自分の参加しやすい方法，表現しやすいさまざまな方法を見つけることが可能である．

また，音楽は，本人の感情や要求を瞬時に表出しようとするもので，表現それ自体が形を残すことがない．そのため客観的な事実を過去に遡って評価されることは少ない．このことは，記憶や概念化が難しい知的障害のある子どもにとって，表現した時の瞬間的な楽しかった体験や達成感を味わえる心地よい体験となり，次の表現活動への意欲を促す役割を強化したといえる．こうした楽しい体験の積み重ねは，多様な表現方法を学ぶ意欲につながり，自分の好きな

領域を徐々に広げていくことになる．音楽活動では，個別の活動から集団での活動まで自由に編成することができるので，子どもの人とのかかわる力に応じて，参加する方法を変えることもできる．

　音楽活動は，言語療法，理学療法等の領域と組み合わせて用いることで，さらに子どもへの多様な刺激となり，発達を促す手段となっていく．

　保育者がこれら音楽の特性を理解したうえで，保育活動に音楽表現を取り入れることで，子どもの個々の発達特性を活かした主体的なクラス集団が形成できると考える．

　発達を促すという視点で音楽活動を行う場合，「〜が歌える」「〜がひける」「〜が叩ける」「〜が踊れる」等が目的ではなく，活動のプロセスの中で子どもたちがどう成長していったかということが重要になってくる．また，子どもが達成感を得やすい活動を多く取り入れ，できたことをしっかり褒めてもらえる体験を積みあげることや子どもの「やってみたい」という気持ちを引き出していくことが大切となる．何よりも子どもたちと一緒に音楽を創る，一緒に楽しむ保育者であることが望ましい．

注）
1）「就学支援の手引き」（平成14年6月　文部科学省特別支援教育課）（http://www.nise.go.jp/portal/elearn/shiryou/chiteki/zidouseito.pdf）
2）厚生労働省　知的障害児（者）基礎調査：調査結果　2000年（http://www.mhlw.go.jp）
3）昇地勝人ほか編『障害特性の理解と発達援助』ナカニシヤ出版　2002年　p.72
4）「障害のある児童生徒の就学について　14文科初第二九一号」平成14年5月（http://www.mext.go.jp）
5）トーマス＆シルク（中川作一監訳）『子どもの描画心理学』法政大学出版局　1996年　pp.147-148
6）倉橋惣三『倉橋惣三選集　第二巻』フレーベル館　1965年　p.45
7）若尾裕『子どもの音楽療法ハンドブック』音楽の友社　1993年　p.14

参考文献
　保育福祉小六法編集委員会編「幼稚園教育要領」「保育所保育指針」『保育福祉小六法　2013年版』みらい　2013年
　池田由紀江編著『ダウン症児の早期教育プログラム』ぶどう社　1986年
　現代保育実践研究会編『保育実践事例集2』第一法規　1999年
　玉井邦夫監修『発達と障害を考える本5　ふしぎだね!?ダウン症のおともだち』ミネルヴァ書房　2007年
　富山典子・岩本克子『絵画あそび　技法百科』ひかりのくに　2004年

(3) 発達支援の風景——基本的生活習慣の発達と支援——

演習5 自閉症・自閉症スペクトラムのある子どもの療育と発達支援

1）自閉症と自閉症スペクトラム

　自閉症スペクトラムとは，ローナ・ウィングが提唱した概念である．スペクトラムというのは連続体という意味で，他者との社会交流の難しさ，コミュニケーション能力の遅れ，限定的な興味・行動など共通の特徴を示す，重度の自閉症から高機能自閉症・アスペルガー症候群までをひとつの連続した障害と捉える考え方である．

　同じ自閉症スペクトラムと診断された子どもでも，知的能力や症状の程度はさまざまである．たとえば，他者との社会交流の難しさという障害特性をひとつみても，人との交流を極端に嫌がる，目を合わせない，友だちとの遊びに興味を示さないなど，その行動はさまざまである．一方，高機能自閉症，アスペルガー症候群など比較的症状の軽い子どもたちのなかには，友だちとの交流を積極的に取ろうとするが相手の気持ちがわからない，その場の空気を読めないなどの行動から，友だちとの対人関係を上手く形成できないという困難性を抱えることもある．両者には質的な違いはあるものの，他者との社会的交流が難しいという点では共通の障害特性がみられる．

　コミュニケーション能力に関しても，言語の習得がほとんどできない自閉症の子どももいれば，言語の習得が良好な比較的症状の軽い子どももいる．しかし，言語の習得が可能な子どもの場合も，ことばの意味理解や使用に難しさを抱えるなど，質的側面でのコミュニケーション能力の弱さがみられる．

　つまりここで重要となるのは，自閉症かあるいはアスペルガー症候群かということでも，症状が重度なのか軽度なのかという単純な分け方でもなく，その症状の表れ方や症状の強さ弱さの違いが，個々の子どもによって，あらゆるレベルで起こりうるという「自閉症スペクトラム」としての理解の仕方である．

次に示す自閉症，アスペルガー症候群は，自閉症スペクトラムに属する障害群である．それぞれ診断名は別であるが，共通もしくは類似する障害特性を有し，その境界線は非常にあいまいである．少なくとも臨床，実践面においては，それぞれを明確に区別するのではなく，「自閉症スペクトラム」に属する群として捉え，その共通する障害特性を理解したうえで，個々の子どもの状態に応じた支援のあり方を探ることが大切である．

2）自閉症スペクトラムとは

① 自閉症とは

自閉症は，1943年，レオ・カナーの論文「情緒的接触の自閉的障害」の中で報告され，「早期幼児自閉症」と名づけられた．当初は統合失調症に近接する障害として位置づけられたり，早期における養育環境や養育者の情緒的なかかわりの失敗がその原因とされていた．しかし現在では自閉症に関する理解が進み，その原因は中枢神経におけるなんらかの生得的な機能不全による発達障害であると考えられている．ただし，現在までに原因を特定するような具体的な生物学的な指標は明らかになっていない．3歳以前に発症するとされ，健診時（1歳6か月健診，3歳児健診）に障害が発見されることが多い．自閉症児の多くは知的障害を有するといわれている．

② アスペルガー症候群（高機能自閉症）とは

アスペルガー症候群は，自閉症スペクトラムに属する発達障害である．障害特性として「他者との社会交流の難しさ」「限定的な興味・行動」といった自閉症に類似する特徴がみられる．しかし自閉症と大きく異なるのは，「コミュニケーション能力の遅れ（とくに言語発達）」が比較的軽度である点である．多くの子どもが2歳までに単語を話し，3歳までには意思伝達を目的としたことばの使用が可能となる．さらに認知，思考といった知的能力や自己管理能力に

も比較的遅れがみられず,幼少期に障害と気づかれないことも多い.

3) 自閉症スペクトラムの障害特性

① 他者との社会的交流の困難さ(社会性の障害)

自閉症スペクトラムの子どもは,基本的に他者の情動や気持ちに注意が向きにくい,もしくは関心が薄いなどの障害特性をもっている.行動の特徴としては,視線が合いにくい,人と交わるのを嫌がる,過度に恥ずかしがる,物を取ってほしい時大人の手を機械的に使用する(クレーン現象),他の子どもにまったく興味を示さないなどがあり,他者との社会的交流に関してきわめて難しさを抱えている.

一方で,アスペルガー症候群の子どものなかには,積極的に友だちにかかわるタイプの子どももいる.しかし,その際も相手の気持ちや状況を理解せず,一方的な働きかけをしてしまうこと,場面や状況にそぐわない言動や行動をしてしまうことなど,対人関係上のトラブルにつながることも多い.

② コミュニケーション能力の遅れ

知的に遅れのある自閉症の子どもは基本的に言語を習得することが難しいとされる.たとえ言語の習得ができても,通常は他の子どもに比べその習得はかなり遅い.また,単語をたくさん覚えることができても,その意味理解は難しく,日常の中で適切にことばを使用することは難しい(コミュニケーションとしてのことばの使用の困難さ).特徴的な姿としては,始語が遅い,出始めても増えない(2語文がでない),相手の言ったことばを繰り返す(オウム返し),ことばを聞いても理解することが難しく,名前を呼んでも反応がない場合などがある.

一方で,アスペルガー症候群の子どもは,基本的にことばの発達に遅れがみられない.しかし,さまざまなことばを使い話すことはできるものの,ことば

の本質的な意味や概念を理解できていないことが多い．たとえば，曖昧な表現で質問されると答えることができない．比喩的な表現を字義通り受け取ってしまう，洒落や冗談が通じないなどである．また，ことばを間違って使う，話し方がまわりくどい，周りには理解しにくい独特な表現を用いる，相手の反応に関係なく自分が関心のあることを一方的に話し続けるなど，人とのコミュニケーションとしてのことばの使用に難しさを抱えている．

③ 限定的な興味・行動（同一性の保持，常同行動）

　自閉症スペクトラムの子どもは，行動や興味，その活動性のパターンが限定される，もしくは固執されてしまう傾向をもつ．たとえば，着衣に関して特定のデザイン，肌触り，色にこだわりそれ以外のものを身につけない．遊びにおいては，展開性の乏しい遊びを反復的に行う．限定されたもの（たとえば車や電車）に対する持続的な熱中がある．日常生活では，道順ややり方の順序，物の並べ方に強いこだわりをもつ．また，記号，アルファベット，数字など特定な対象に異常に興味をもつなどの行動特徴がみられる．

　こうした思考の柔軟性に乏しさは，生活の中での変化に対する弱さにもつながる．日課や予定の変更など，予測できない変化に対して，臨機応変に対応することが苦手であり，ときにパニックを起こすなど激しく抵抗することがある．

　その他，想像的な遊びに乏しくごっこ遊びやふり遊びを苦手とする．自分の世界（空想世界）に入り込んでボーっとしてしまう．手をヒラヒラさせ，くるくる回ることなどの常同運動といった特徴がみられる．

④　その他の症状

○　感覚過敏（感覚統合障害）

　自閉症スペクトラムの子どもは，視覚・聴覚・味覚・臭覚・触覚などに異常な過敏さや鈍感さをもつことが多い．たとえば，周囲は気にならないような音に対して異常に反応する（耳をふさいでしまう，その場から離れようとするなど），

肌触りがよくない服を着ない，身体の特定の部位が過敏である（頭を触られるのを過度に嫌がるなど），極端な偏食があるなどがあげられる．しかし，そうした敏感さとは逆に，冷たいものや熱いものを触ること，寒いところでも平気でいられる，誰もが痛がるような怪我をしても痛がる様子がないなど，感覚の鈍感さをもつこともある．個々によって敏感な部分や種類，さらには鈍感な部分や種類は異なるが，こうした感覚障害が自閉症スペクトラムの子どもに多くみられる．

○ 行動障害

自閉症スペクトラムの子どもは行動障害が問題となることが多い．とくに重度の自閉症児は，激しい破壊的行動や自傷行為など重篤なケースがあり，家庭や保育現場における対応がしばしば困難となる．

頭を壁に打ちつける，自分の手に噛み付く，自分の頭を叩くなど自傷行為，相手を押す，叩く，噛み付くなど他害行為，その他に失禁や拒食などが見られることがある．こうした行動が意味するところは，コミュニケーション能力が不十分なために，拒否や嫌悪感などを示す意思表現の手段である場合や相手の気を引こうとして，故意にそうした行動をする注意喚起の手段として用いる場合，さらにそうした行為，行動が快楽刺激をもたらすために繰り返される場合がある．

○ 多動傾向

幼少期においては，落ち着きがなく多動傾向がみられることが多い．また話を最後まで聞けないことや集中してひとつのことに取り組めないといった不注意もみられることから，AD/HDと間違われることがある．

○ その他

睡眠障害を伴いやすい，身体のバランスが悪く協調運動が苦手，聴覚から情報を受け取ることの苦手（視覚情報の優位）などの特徴がある．また欲求不満に対する耐性が弱く，すぐに怒ったり，泣いたりするなど感情コントロールに難しさをもつ．

4）自閉症スペクトラムのある子どもの発達的特徴

○　乳児期から2歳頃

　運動機能は順調に発達する子どもが多いが，コミュニケーション能力の発達と愛着形成の遅れが多いといわれている．コミュニケーション能力では，ことばが出ない，ことばの出始めが遅い，語彙数が増えないなど言語の発達に関する遅れがみられる．また，前言語的な側面でも，他者の視線を追わない，指さしをしない，指さす方向を向かないなど，他者と関心を共有する「共同注意」の発達が遅れることが指摘されている．一方，知的に遅れのない子どもたちは（アスペルガー症候群），ことばの発達を含め発達全般に関して大きな遅れはめだたず，障害があると周囲に気づかれないことも多い．

○　2歳以降から6歳

　社会性の面で特徴的な傾向が顕在化してくる．落ち着きのなさや多動性の問題，他の子どもたちと同じ行動ができないなど，集団場面での不適応がめだち始める．また自分の世界（ファンタジー）に浸ることや，ごっこ遊びなど象徴的な遊びをしない．さらに友だちとかかわる際も，状況を無視した言動や行動などでトラブルが増える．こだわりが強く，環境や状況が変化することに困惑し，パニックに容易に陥ってしまうこともある．さらに指先の微細運動や身体全体を使う粗大運動など，運動面で不器用なことも多く，絵を描いたり，工作をすること，ボール遊びなど他の子どもたちに比べて上手くできないことが増えてくる．自閉症スペクトラムで知的に遅れのある子どもでは，特定の感覚（水，光，音，模様など）に執着すること，常同行動（手をひらひら，くるくるまわる）に没頭するなどの姿がみられやすい．

5）発達支援の留意点

① 自閉症スペクトラムの特性を理解する

　自閉症スペクトラムの子どもたちを支援する基本は，障害特性に起因する彼らの認知様式，特有の物事の捉え方や感じ方を理解し，その上で彼らの世界にこちらから歩み寄る姿勢である．これは，単に健常の子どもたちと同じ発達経路に乗せることだけを目標とするのではなく，自閉症の子どもたちには特有の発達経路があることを理解し，それに沿った支援のあり方を探ることである．

　自閉症は，社会性の障害を中核として，コミュニケーションの障害，こだわり行動や常同行動，限定的な興味・関心，感覚過敏などの特徴をもつ．こうした特徴は，彼らが日常生活を生きる中で，どのような不安や混乱をもたらし，生きづらさを体感させるのか．また彼らにとってその行動特徴はどのような意味をもつのか．そうした彼らの世界を想像し理解しようとする姿勢こそが，自閉症スペクトラムの子どもの支援においては最も必要で大切な要件といえる．

② わかりやすい環境を提供する

　自閉症スペクトラムの子どもは，健常の子どものように日常生活で起こるさまざまな出来事を上手く処理し，対応することができない．むしろ，そうした曖昧な状況の中で混乱し，パニックを起こしてしまうことが多い．こうした障害特性に対しては，物理的環境の構造化やスケジュールや課題遂行の構造化を通して，自閉症スペクトラムの子どもが理解しやすい環境世界を提供し，その中で彼らがより適応力を高められるよう支援していくことが大切である．

　たとえば，部屋を活動の種類に応じて区切り，活動内容と活動を行う場所が常に対応するようにしたり，部屋に仕切りを設けるなどして，活動の際に多様な視覚刺激が入らないよう工夫する．また個々の子どもに合わせたスケジュールを作り，それぞれの活動の順序を明確にすることで，次に何を行えばよいのか見通しがもてるようにする．活動の際も道具を順番に並べたり，絵カードや

写真などの視覚的な手がかりを用いるようにする．このように環境を構造化することで，自閉症スペクトラムの子どもがわかりやすく自分の活動を理解でき，安定した情緒の中で，彼らの本来の力が発揮できるよう，環境を再構成することを重視していくことが大切である．

> **【事例5-1】環境を工夫した保育実践**
> 　A男（5歳，自閉症）は，多動性や衝動性が強く，保育室をすぐに飛び出してしまうなど，落ち着いて活動することができない子どもであった．そうしたA男の行動に苦慮した保育園では今後の対応について保育士間で検討することにした．まずは保育室の環境を工夫するとこで，少しでもA男の気持ちを落ち着けるようにしようとの提案がなされた．オモチャや飾りつけが多かった保育室を整理して，なるべくA男の視界に入らないように工夫した．さらに，部屋の片隅にダンボールで大きなA男の家を作り，集中して作業するときや，混乱したり疲れたときには，そこで休めるようにした．次にA男が日常の保育活動で混乱しないように，絵カードやスケジュール表を作り，視覚的に一日の流れや活動の流れを理解できるための工夫をした．細かく行動を区別した絵カードを作成するなどし，A男が理解できるまで何度も繰り返し行った．このような環境を構造化した保育活動を続けていくうちに，A男は次第に落ち着きをみせはじめ，以前に比べ保育室を飛び出すことは減っていった．

〈検討課題１〉

・環境の工夫をすることで，A男にとって保育室は過ごしやすい場所になったように思われる．自閉症スペクトラムの子どもの障害特性を踏まえ，支援や配慮として大切なことを考えてみよう．また保育士も保育環境の一部であることも併せて考えてみよう．

③　ことばの支援（ことばの促進と伝え方）

　自閉症スペクトラムの子どもは，その発達レベルにより異なるが，基本的にことばの意味の理解や使用の仕方など，他者とのコミュニケーション手段としてのことばの理解に難しさを抱えている．ことばの支援の基本は，ことばがコミュニケーションの道具であり，人とかかわるために役立つものであることを

第6章　障害のある子どもの特性と発達支援の留意点　125

理解できるよう支援していくことである．

　具体的には，何か欲しいものがある場合，ことばを使用して要求することでそれをもらうことができるという体験を繰り返し教えていく（その際，子どもがより頑張れるように，実際に好きなものや欲しいものをみつけておくとよい）．子どもが，ことばで表現すると要求がかなうという結びつきを理解しはじめると，コミュニケーションとしてのことばの使用が少しずつ増えてくる．その後は，少しずつそうした対象を増やすことで，ことばの数自体を増やしていく．

　また，保育者の伝え方としては，できるだけ短いことばで，具体的に伝えるようにする．たとえば，席に座る際の声かけでは「○○するために座るよ」と○○が具体的にわかるようにすることが大切である．さらに「あの時はこうだったよね」など時間をさかのぼってのことばかけは，子どもが何について言われているのか理解するのが難しいので，可能な限りその場その瞬間で伝えていくようにする．威圧的なことばかけは避け，穏やかな態度と，メリハリの利いたきっぱりとした態度で伝えることが大切である．

④　遊びを通した支援

　自閉症スペクトラムの子どもには，身体のバランスの悪さや指先の不器用さがめだつ子どもがいる．これらは，脳からの信号が身体に上手く伝わらないことで起こるとされ，自閉症や他の発達障害にもみられる障害特性のひとつである．こうした子どもたちには，感覚の統合を促進するための遊びが有用とされている．遊びは，子どもが純粋に楽しむという意味だけではなく，子どもの心身や社会性の発達を促す重要な意味もある．保育の中では，遊びを通して子どもたちが楽しみながら，かつ機能回復にも繋がるような工夫された活動が大切である．具体的には，音楽や楽器，手遊び，簡単な製作，トランポリンなど感覚や身体運動を活性化する遊びである．これらの遊びは，一見単純に見えるが，感覚刺激の受容に問題を抱える自閉症の子どもの発達にとても効果的とされている．

⑤ こだわりへの理解

　自閉症スペクトラムの子どもは，特定のものや出来事に対する強い「こだわり」をもっている．どのようなことに「こだわり」をもつかは，子どもによってさまざまであるが，そうした行為はときに彼らの生活を制限し，周囲を困惑させる原因となる．強い「こだわり」をみせるひとつの要因は，不安や苦痛の表れであることが多い．また，「こだわり」をもつ大きな理由は，理解しにくく曖昧である日常の中に秩序を作り出し，不安や苦痛を低減させようとする彼らなりの対処方法といえる．このように，自閉症の子どもにとっての「こだわり」は，自分を安定させるためのひとつの手段でもある．そのため，単に「こだわり」をやめさせることが適切な支援とはいえない．彼らが「こだわり」をもつ意味を理解し，日常生活が彼らに予測しやすいもの（視覚化や環境の構造化）にするなど，根底にある不安や苦痛を軽減する働きかけが求められる．また，一定程度は好きなことをしてもよい時間を設けるなど，子どもの気持ちやペースに寄り添う姿勢が，保育者には必要といえる．

⑥ パニックへの対応

　一度パニックを起こすと，それがおさまるまでにある程度の時間の経過が必要である．パニックを起こした場合には，子どもをその場から離し，できるだけ静かで落ち着ける場所に移動するなどして，子どもの気持ちが切り替わるのを待つことが求められる．また，その際必要以上にパニックを注目しすぎないことが大切である．パニックをおさめるために，子どもの要求を適えてしまうことが増えると，子どもがパニックを起こす頻度も増えていく．子どもが自分の要求をかなえる手段としてパニックを学習しないためにも，一貫した姿勢と態度でかかわることが必要である．また，パニックは子どもとっても不安で苦しい状態である．子どもが不安に陥りやすい状況など可能な限り取り除くようにし，パニックに陥らないで済むような工夫が必要といえる．

⑦ 感覚過敏（鈍麻）への対応

　自閉症スペクトラムの子どもは特定の刺激に対する感覚過敏（鈍麻）をもっていることが多く，そのために日常生活に大変な困難を感じている．保育の中でも，衣服の着脱を嫌がる（特定の服にこだわる），抱っこを嫌がるなどの触覚過敏，蛍光灯や日射しなど明るい光が苦手といった視覚過敏，犬のなき声，救急車のサイレン，赤ちゃんのなき声，飛行機など特定な音が苦手といった聴覚過敏などがみられることがある．こうした刺激に対する過敏さに対しては，無理に慣れさせるのではなく，何が嫌なのか，その不安や不快となる原因を探り，可能なかぎり取り除くことが必要である．また，取り除くことが不可能な場合は，その場から離してあげるなどの個別の配慮も大切である．感覚障害からくる不安感を，保育者がしっかり受け止め，少しでも安心できる環境を作ることが，彼らの持つ不安や苦手さを乗り越える原動力となることを理解しておきたい．

⑧ 対人関係を通じた支援

　自閉症スペクトラムの子どもはその障害特性として，自分の気持ちを他の人と共有することや，自分の意思や気持ちを上手く伝えることに難しさを抱えている．そのため保育場面においても，他の子どもたちや保育者とのかかわりを避けることが多く，対人関係にはほとんど関心ないイメージが持たれやすい．
　しかし，彼らはけっして人とかかわる力がない訳でも，人を意識できない訳でもない．他の健常の子どもと同じように人とのかかわりを通して，さまざまなことを学んでいく．これまでもさまざまな実践活動の中で，保育者（大人）の感受性のある応答的なかかわりや，他の子どもたちとのかかわりが，自閉症の子どもの社会性の発達促進に大きく寄与していることがわかっている．

〇　保育者と子どもの関係性

　自閉症スペクトラムの子どもは，その障害特性から，保育者―子ども間の関係作りが難しい面をもっている．保育者からすると「何度言ってもなかなか理

解してくれない」「こちらの気持ちにまったく気づいてくれない」など，かかわりを続ける中で徒労感を感じやすく，次第に働きかけを減らしたり，あきらめたり，逆に一方的な働きかけや指導につながってしまうことも少なくない．しかし保育者として大切なことは，彼らなりのペースとやり方で人との関係を感じ，学んでいることをしっかり理解し，粘り強くかかわり続けることである．

【事例5-2】関係作りを主眼とした保育活動

　保育所で，Aちゃんの障害が気になり始めたのは1歳後半頃であった．1歳児クラスの子どもたちが，保育士とやりとり遊びを楽しんでいても関心を示さず，いつも一人で同じブロックを手にしていた．2歳児クラスに進級し保育室が変わると，毎朝嫌がって泣き保育室に入れない状態が長く続いた．

　保育所では，職員会議の中でAちゃんに対する支援の方針が検討され，複数担任ではあるが，Aちゃんとのかかわりに関してはB保育士が中心となる[1]ことで，相互の信頼関係を深めることが，まず必要な支援であると考えた．するとしだいにAちゃんはB保育士を意識しはじめるようになり，B保育士の手をもって，自分が欲しい玩具を取らせたり（クレーン現象），B保育士に抱かれても嫌がることは少なくなった．

　保育士は少しずつでもAちゃんが周りの子どもたちに関心をもち，自分の身の回りのことができるようになってもらいたいと，お昼寝前の衣服の着脱や手洗いの場面では，「Aちゃんも一緒にしようね．○○ちゃんもしているよ」と周囲の友だちに意識が向く[2]ようなかかわりを粘り強く続けた．お昼の給食でも好みに偏りがあり，なかなか進まないため「先生も食べてみようかな．Cちゃんおいしいよね」と言うと，隣に座っているCちゃんが「Aちゃんも食べよう」と誘ってくれるようになった．

　こうした保育士や友だちからの働きかけを経験するなかで，Aちゃんはわずかではあるがことばが出始めるようになった．目に見えた発達上の変化は少ないが，AちゃんはB保育士に甘え，友だちを拒否することなく安心して保育室で過ごせるようになっている．

〈検討課題2〉

・下線1）について，Aちゃんへのかかわりに関しては，B保育士が中心となることが決定したが，これにはどのような意図があっただろうか？　自閉傾向のある子どもの支援として，信頼関係を作る以外の側面で考えてみよう．

〈検討課題3〉
・下線2）について，B保育士は，Aちゃんが周囲の子どもたちに意識が向くような働きかけを行っているが，その意図について考えてみよう．また，周囲の子どもたちへの影響についても併せて考えてみよう．

○　集団の中での育ちを大切にする

　自閉症スペクトラムの子どもは，他者との共感的な交流が難しいという特性から，友だちとの関係を上手に作ることが苦手である．また友だちとの関係を持つ場合でも，働きかけに対して受動的にはかかわるものの，自ら主体的にかかわろうとする姿は少ない．しかし一方で，友だちとの関係の中でさまざまな刺激を受けたり，行動を模倣したりすることによって発達が促進されることもわかっている．友だちとの関係の持ち方や距離の取り方が苦手な彼らを，どのように友だちとつなげていくか，保育者には配慮と工夫が求められる．

【事例5-3】友だちとのかかわりづくり
　○　入園当初の姿
　　B男（5歳）は，4月に特別支援保育で入園した．自閉症の診断を受けており，子ども通園センターを併用していた．表情に乏しく，友だちとのかかわりはむずかしい．ことばはオウム返しが多く，抑揚に違和感がある．また現実味のない話を独り言のように言い続ける．運動面では，動作はゆっくりで疲れやすいなどの特徴をもっていた．両親は，B男が大きな集団に入ることに不安と期待をもっていた．
　　入園当初，一人遊びを続け，友だちとのかかわる様子はなかった．また友だちから接触されることを極端に嫌がる様子がみられた．
　○　春（5月〜6月）
　　担当保育士は少しでも友だちとかかわれるようになってほしいと願い，同じく通園センターを併用しているM子を席と近くにした[1]．最初はM子からの働きかけに抵抗をみせていたB男であったが，次第にM子の接近を受け入れるようになる．ある日，M子がB男の手を握ると，B男は嫌がることなく手をつなぎつづける姿も見られるようになった．その頃から，徐々に他の友だちからのお世話を受け入れられるようになる[2]．しかし集中して遊んでいた大好きなブロックを友だちに取られても何も言えない．友だちから「かして」と言われた

ことも理解できず，床に伏せてしまい，友だちとかかわっていけないなどの姿もよくみられた．
○　夏（7月～8月）
　担当保育士やM子に支えられて，クラスがB男の居場所になっていく．散歩では帰りは疲れて声もないが，プール遊びや外遊び・園外保育と，友だちと一緒の楽しい体験は生活の幅と体力をつけ，楽しそうに笑顔を見せるB男の姿がみられるようになる．
○　秋以降（9月～）
　<u>生活発表会で，クラス全員で劇「エルマーのぼうけん」，太鼓演奏に取り組む</u>[3]．ワニ役のB男のせりふ「棒付きキャンディーだいすきです」を，当日大きな声で「大好きです！」と自信をもって言う．クラスが一体となった劇に，子どもたちも観客（両親）も深く感動．B男の間違いを責める子はいなく，B男も達成感を味わうことができた．この時期，少しずつ自信をつけてきたB男は，友だちの教えを一方的に聞くのではなく「分かっているよ！」と言うような態度を示すようになる．
○　2月　節分・豆まきの日　「鬼が怖いの？」
　お部屋に大きな赤鬼黒鬼が飛び込んでくる．子どもたちは，保育室中を逃げ回る．B男は，他児と一緒に逃げるが泣くことはない．M子は激しく泣き，保育士に抱きついたり逃げ回るが，B男を見つけしっかりと抱きつき泣く．<u>B男は嫌がらずにMを抱いて，『鬼，怖かったのかい？』と顔をのぞき込んで話しかける</u>[4]．

　B男の両親との懇談で，B男の成長を「Bちゃんすごい」と一つひとつ喜ぶ．クラスでの懇談でも「この一年間はB男の宝物」と，保育所での出会いに喜びが伝えられ，親たちも職員も熱い思いになった．

〈検討課題4〉

・下線1）で，保育士は，B男の席を同じ通園センターに通っているM子の近くにしたが，その意図を考えてみよう．

〈検討課題5〉

・下線2）において，B男は徐々に他の友だちからのお世話を受け入れられるようになるが，どのような心境や思いの変化があったのだろうか？

第6章 障害のある子どもの特性と発達支援の留意点

〈検討課題6〉
- 下線3)の生活発表会での体験は,B男にとってどのようなものであっただろうか? その後の友だちとのかかわりの変化も踏まえ,考察してみよう.

〈検討課題7〉
- 下線4)におけるB男の行動にはどのような意味があるか,これまでの(春からの)経過を踏まえて考えてみよう.

参考文献
内山登紀夫・水野薫・吉田友子『高機能自閉症,アスペルガー症候群入門』中央法規 2002年
E.ショプラーほか編(伊藤英夫監訳)『幼児期の自閉症』学苑社 1996年
玉井邦夫『発達障害の子どもたちと保育現場の集団づくり』かもがわ出版 2009年
田中道治・都筑学・別府哲・小島道生編『発達障害のある子どもの自己を育てる』ナカニシヤ出版 2007年
高橋三郎・大野裕・染矢俊幸訳『DSM-IV-TR 精神疾患の分類と診断の手引 新訂版』医学書院 2004年

(4) 発達支援の風景──社会性の習得と支援──

演習6　不器用な子どもと集団活動

　子どもたちの様子をみていると,「障害があるかどうかわからない. けれど, 他の子どもたちの発達の様相と何か違っているような気がする」と感じさせるような子どもに出会うことがある. 本人は元気に, また意欲的に活動に取り組んでいる. 知的障害ほど認知機能の発達の遅れを感じさせるわけでもなく, 身体障害のような装具や車いすが必要なわけでもない. また, 自閉症スペクトラム障害やLD（学習障害）, AD/HD（注意欠陥／多動性障害）のような, 発達障害の特徴があてはまるといわれればそんな気もするが, そうではないといわれればそうかもしれない. このような, いわゆる「気になる」子どもである.

　そのような子どもに対して, 保育者がその「気になる」と感じるきっかけは, ことばの問題と身体のぎこちない動き, そして注意のそれやすさや衝動性があがることが多い. ことばをめぐる発達支援については前節に記述があるので, ここではまず, 身体のぎこちなさの問題を中心に論じていくことにする.

【事例6-1】C児（年中の男児, 相談開始時5歳1カ月）
　Cは, もともと軽い吃音があってことばの教室を利用しているが, 知的障害や運動障害の診断, 極端な視力の低下はない. 幼稚園でも活発に遊ぶ様子がみられる. ただ, 担任保育者は, Cについてクラスの他の幼児よりも注意がそれやすいような気がしていたことや, クラス活動のなかでの工作や楽器の演奏, 弁当をこぼす様子などにぎこちない動きがめだち, 同年齢児よりもできないことが多いと感じていた.
　Cについて幼稚園から大学附属の相談室に依頼があり, 継続的な幼稚園での様子の観察に加えて, 関係者の同意のもと臨床発達心理士資格を保有する相談員により心理検査が実施された. ウェクスラー式知能検査（WISC-III）では, 全IQが80を超えており, 概ね発達の強い偏りが確認できなかったが, 注意喚起の群指数がやや低い結果となった. 一方, 運動協応性のアセスメント（Movement ABC）では, 発達性協調運動障害が疑われる程度に運動のぎこちなさが高く, 比較的手先の不器用さが強いことが示された.

動きのぎこちなさをはじめとする運動の不器用さについては，よく「年齢を重ねれば大丈夫になっていくもの」「単なる経験不足」と楽観的に考えられてきた．ところが，海外の研究のなかには，明白な知的障害や身体障害は確認されず，意欲もあり，その活動も何度もやっているので経験不足とはいえないにもかかわらず，なおも運動のぎこちなさがある子どもがいると報告されている[1]．たとえば，手先の運動や全身運動が年齢よりも幼く稚拙な感じ，動きが不正確さだったりタイミングがあわなかったり，道具使用が不得手などである．こうした動きは，運動協応性の困難として表現されるが，運動一般はもちろん，書字や描画，工作，演奏，食事，掃除などさまざまな活動に影響する．もちろん，遊びさえもである．

このタイプの運動のぎこちなさは，発達性協調運動障害とよばれている．新しい障害のように聞こえるかもしれないが，日本ではあまり取り上げられていないだけで，欧米ではとても関心の高い発達障害のひとつである．発達性協調運動障害の抱える動きのぎこちなさについては，近年は，運動に関係する認知的要因が背景にあると考えられている．彼らには身体の各部位にまひや萎縮などの障害を見出すことはできない．つまり，身体の一部が動かないのではなく，むしろその身体の動かし方，いわば身のこなし方を統括している認知的側面の問題として考えるべきだろうということである．もちろん，練習によってある程度改善することもわかっているが，その向上の幅は大きくないので，声かけや提示の仕方などにも工夫が必要となる．

発達性協調運動障害は，その動きのぎこちなさから上手に身体運動ができない問題として，幼少期は遊びにおいて不利益をうけやすいといわれている．他にも将来的には，自尊心が低くなったり進路も芳しくないなど，身体運動の困難から副次的に生じる心理的問題もある．さらにいえば，この発達性協調運動障害は，単独の症状というよりは，自閉症スペクトラム障害やLD（学習障害），AD/HD（注意欠陥／多動性障害）など他の発達障害と合併することも多いといわれており，その発達援助の必要性は重要視されてきている．

〈検討課題1〉
• この事例は，幼稚園の近くに大学の相談室があり，検査や観察などの相談を実施することができたし，発達性協調運動障害の疑いを知ることもできた．ただし，地域によっては，近くに大学の相談室がないことも十分考えられる．その場合，どんなかたちでCのような子どもの保育援助を考えていけばよいのだろうか．自分たちの地域にあてはめながら，その保育援助における連携体制や保育者としての援助のやり方について考えてみよう．

ではもう少しCのその後の様子を補足していくことにする．

> 【事例6-1】エピソード1：7月上旬，廊下，設定保育の時間
> 　年中クラスの夏祭り行列の練習を兼ねて，の太鼓をたたきながら年少児クラスに移動することになった．一列に並んで年少児クラスを一周練り歩く．クラス全体はきちんと節のリズムにのれている子や，自分の好きなようにたたく子などさまざまである．
> 　Cの前に並ぶD（男児）はCのことが気になる様子．保育者がDに気にしないように伝えると，「だって（バチがDに）あたるんだよ，いつも」と不満を告げる．

6～7月の夏休み前までのCの様子である．Cは，クラスで孤立しがちな状況がしばしば観察されていた．

Cのバチのたたき方は，腕の動きのぎこちなさから，確かに太鼓にきちんとあたらず，前や左右の子どもの身体にあたってしまうことが多かったように見受けられる．Cは意欲的に太鼓に取り組み，またふざけたり悪気があったわけでもない．C自身は，上手にできていないことにはそれほど気にするそぶりもみせず，明るく生活しているように感じさせられましたが，「どうしてもぶつかっちゃうんだよなぁ」と口にすることも少なくなかった．もちろん太鼓のバチがあたってしまうたびに，Cはきちんと謝っている．ふだんは温厚なDも，この日だけでなく頻繁に度重なって生じているので，さすがに感じた不平を

「……，いつも」という表現で保育者にぶつけている．実は他の場面でも，Dに限らずクラスの他の幼児たちは，このような"わざとではないけれどぶつかる（あたる）"ことが度重なっていることで，Cに対して不快感を感じ，距離をとってきているように感じられていた．

このクラスには，同じ年齢のダウン症の女児Eもいる．Eも同じように動きがぎこちなく，Cと同じように行進でぶつかったり誤ってたたいてしまうような例があった．先生の指示とはまったく違う行動をとることさえあった．ところが，クラスの幼児たちは，Eには何らかの世話を焼こうとするのに対し，Cへの世話焼きはまったく見られなかった．ダウン症という比較的風貌等ではっきりとわかりやすい障害であるEとは違い，動きのぎこちなさのために，普段の生活や活動場面で上手にできないCに対して，否定的に感じているクラスの雰囲気が感じられた．

〈検討課題２〉
- Cはわざとやっているわけではない．自分では「失敗した」と感じているようであるが，あまり度重なるのも困りもので，Dの不満もわかる．その結果Cの仲間関係は狭まってきているような雰囲気がある．動きのぎこちなさは，明らかにCの仲間関係にネガティブに働いているように感じさせられる．

このような場合，保育者はどのような考えで保育援助にのぞめばよいのだろうか．Cに対する援助，クラスに対する援助，その他の対応，3つに分けてそれぞれ考えてみよう．

さらに夏休み明けのCの様子もみていくことにする．

【事例6-1】エピソード2：9月上旬，保育室の一画，自由遊びの時間
　クラスの他の幼児Fが，自作の"巻き取り"をもってCを見つけ，「勝負！」と誘う．G（クラスの他の幼児）が審判になって対戦が始まる．Fが圧勝するが，Cはまだやりたい様子．GがFから巻き取りを奪い取り，「今度は俺」とCとの対戦を希望する．

　夏休み明け，担任保育者は，手作り玩具の研修で学んできた"巻き取り"をクラスに持ち込んだ．これは糸の両端につけられた棒を握り，糸を巻き込んでその速さを対戦形式で競う玩具である（写真）．"巻き取り"は，男児を中心にクラスで大流行し，担任が作成していた木製のものだけではニーズに応えられない状況のため，ラップの芯と糸で幼児それぞれが同じものを制作し，仲間を誘って遊ぶようになった．もちろんCもこの巻き取り遊びに熱中するようになる．"巻き取り"は対戦競技形式の玩具のため，普段から仲間関係上敬遠されがちだったCの遊びたい気持ちを満たせるだろうかと，担任は気になったようだが，取り越し苦労だったようである．

　この遊びは，動きのぎこちなさが強く，さらに注意もややそれやすいCにとって，上手にできない活動になるだろうと容易に想像がつくだろう．でも筆者には，Cにとってこの遊びが苦手意識から敬遠する方向ではなく，純粋に楽し

写真　"巻き取り"

さを感じることができていたように感じられた．それは，仲間関係のなかにひたる心地よさの方が，上手にできないために生じる苦手意識よりも勝っていたためではないかと推測される．

　ただＣが自然に巻き取り遊びに誘われることが多くなった背景をよくみてみると，完全に仲間関係の改善があったというわけではないかもしれない．つまり，「勝ちたい」という気持ちを刺激するこの遊びのなかで，ＦやＧが「Ｃと対戦ならほぼ勝てる」と下心を抱いて遊びに誘っている様子が露骨だったこともあるし，筆者もＦやＧの行動から下心を強く感じた．しかしそうであったとしてもその結果，仲間と楽しみたい，つながりたいとする気持ちを喚起させ自然に楽しみながら遊びのなかで苦手な課題に取り組める環境が成立したといえる．

　動きのぎこちない子どもは，日常的に失敗を重ねがちである．そのため，とくに，楽しさを強調してできるだけ失敗が少なくなる工夫や働きかけを，日常的に重ねることが重要となる．たとえば，勝ち負けあるゲームでもそれを強く打ち出さないようにしたり，個人差を考慮して個々のペースを尊重するような工夫である．この工夫が，子どもの好奇心を刺激し再挑戦への意欲を引き出すだけでなく，将来の二次障害を予防することにもつながってくる．

〈検討課題３〉

- "巻き取り"の大流行は，Ｃも仲間と遊ぶきっかけとなった．また自然に手先を使うことにもつながっている．このように，ちょっとしたきっかけで子どもの関係や行動が変わっていくと，保育者冥利につきるというものではないだろうか．そこで次の課題を検討してほしい．この"巻き取り"に代わる何か別な遊びを提案してほしい．Ｃの動きのぎこちなさや仲間関係を考慮できる適切な遊びは何だろうか．できれば，クラスの他の幼児たちも一緒に楽しめるという前提で，訓練の場と感じさせない遊びの方が望ましい．

演習7　注意の集中が困難な子どもと集団活動

　注意のそれやすさや衝動性が強い子どもの保育について考えていくことにしたい．注意集中の困難や多動，衝動性のような行動問題が子どもに見られると，クラスにおける集団活動が乱されてしまうことが懸念される．そのうえ，その子どもへの対応に振り回されて他の幼児に対して保育者の目が行き届かなくなってしまうこともあるため，一般的には，保育者がその子どもに対して「気になる」と強く感じさせることが多いようである．

　このような特性を聞くと，最初に頭に浮かんでくるのは，発達障害のひとつであるAD/HD（注意欠陥／多動性障害：Attention-Deficit/Hyperactivity Disorder）の可能性ではないだろうか．

　平成15年3月の文科省による「今後の特別支援教育の在り方について（最終報告）」をみると，AD/HDとは，「年齢あるいは発達に不釣り合いな注意力，及び／又は衝動性，多動性を特徴とする行動の障害で，社会的な活動や学業の機能に支障をきたすもの」と定義されている．そして症状のそろい方によって，以下の3タイプに分類される．

　ⓐ　**注意集中の困難が強いタイプ（不注意優勢型）**

　気が散りやすく，必要な刺激・課題に対して，注意を持続できない．人の話を最後まで聞けない，物をすぐに紛失してしまう，順序立てて話したり行動するのが苦手，外の刺激に注意がそがれてしまう，うっかりミスがめだつなど，集中する力の弱さによる行動がめだつ．

　ⓑ　**多動性・衝動性が強いタイプ（多動性―衝動性優勢型）**

　場面や状況に無関係に，過度にそわそわして落ち着きがなく，じっくり考える前に直ちに行動に起こしてしまう．着席できない，すぐ教室から出て行ってしまう，体の動きやおしゃべりが止まらない，のような多動性の行動に加え，順番を待てない，質問が終わる前に出し抜けに答えてしまう，自己抑制がきかない，ほしいものは手に入れないと気がすまない，突然危険な行動をとってし

まう，など衝動的な行動も強いと考えられる．
　ⓒ ⓐ・ⓑの両方が顕著なタイプ（混合型）
　AD/HDの出現率は3～7％前後といわれており，学習障害（LD）との併存率が非常に高いことや，女児に比べ男児に非常に多いことが指摘されている．またAD/HDの他の特性として，易興奮性（ちょっとしたことですぐ興奮する）が高い子どもが多いともいわれている．注意集中困難や多動性，衝動性，易興奮性いずれをとっても，周囲から叱責されやすい行動特性であり，児童期から思春期にかけて自尊感情が低下しやすいことも指摘されている．

> 【事例7-1】K児（年長男児）
> 　K児は，同じクラスの子どもと比べても，とくに遅れを感じさせるようなことはない．むしろ，お話なども上手にできるし，虫捕り遊びや屋外での遊びが大好きである．普段から，何事にも積極的で，いろいろなことに興味・関心を示す．クラスでもやんちゃな子どもたちのグループの一員として，人気者のひとりである．
> 　ただK児は，幼稚園全体での集いの時間やクラスで保育者が話しているときに，思い立ったように突然立ち歩くことがめだつので，よく叱られている．注意をするとその場はすぐ落ち着くが，すぐ忘れてしまうようである．食事のときには立ち歩くことはない．
> 　K児は，共働きの父母，祖父，5カ月の妹の5人家族である．父親は仕事でいつも忙しそうだが，園行事などにはとても協力的である．母親は現在育児休暇中である．妹がよく夜泣きするため，睡眠不足ぎみではあるようだが，いつも穏やかな雰囲気を保っている．祖父はK児といつも将棋をしてくれ，2時間近く集中することもよくあるそうだ．

　事例におけるK児は，その衝動性の強さから，よく叱られがちな子どものようで，AD/HDにおける注意集中の問題や衝動性の特性にもあてはまるようにみえてくる．
　だからといって，K児がAD/HDだと決めてしまうのは早計である．このような特性は，被虐待児でもよく似た症状がみられるし，一時的なものであれば親子関係や家族関係の変化によっても生じることがあるからである．

実は，前述の文科省の定義には，「また，7歳以前に現れ，その状態が継続し，中枢神経系に何らかの要因による機能不全があると推定される．」という続きがある．「その状態が継続」，つまり，AD/HDは場面や状況にかかわらず生じるものなので，保育所・幼稚園では落ち着きがないけれど家庭ではとても落ち着いて静かにしていられるという場合，場面や対応する人によって状態が変化している（＝継続していない）ことになる．

前述のとおり，K児は一見AD/HDのようにみえたとしても，注意集中ができないと遊びが続かない将棋を祖父といっしょに2時間もしていることは無視できない．これを考えると，この行動特性は幼稚園だけでみせている状態なのかもしれない．あるいは，夜泣きなど親の多くの対応が必要な妹の誕生で，心理的に不安定なのかもしれない．ひょっとすると，保育者の話が長くて時間の見通しがもてていないのかもしれない．幼稚園の窓からいつもパトカーがみえているのかもしれないし，朝ご飯を食べていなかったり睡眠不足だったりするかもしれない．

そのため，K児の対応については，単に保育所・幼稚園の一場面の様子だけで，勝手にAD/HDと決めつけるのではなく，以下の3点をふまえてよく考えていく必要がある．第一に，保育者の働きかけは適切といえるのか，保育者の対応を振り返り十分に検証することである．仮に対応が十分であったとしても，よく振り返って考える姿勢は保育の質や実践力を高めるために重要である．第二に，保育所・幼稚園の環境や家族関係など，子ども以外に要因がないかよく検証することである．発達障害という子ども自身が抱える要因を疑う前に，それ以外に考えられ得る他の要因をよく分析し，できることならば子どもの要因を疑うのは最後にしたいものである．そして第三に，園内の連絡や家庭や療育機関との連携を緊密にすすめ，多くの状況についての情報をベースにして考えるようにすることである．つまり，保育援助において最優先すべきことは，AD/HDの診断を得ることでも，マニュアル的に子どもに対応することでもなく，子どもにとって最善の利益につながる働きかけ・環境設定は何かを考える

第6章 障害のある子どもの特性と発達支援の留意点

ことだということである．

　そのためには，「気になる」ことを"５Ｗ１Ｈ"で整理することを提案したい．発達障害の場合，本人もその行動に困っているし，"いつ"や"どこ"にかかわらず問題行動が起こることが多いからである．すなわち；

- 【who】「気になる」行動で困っているのは"誰か"
- 【what】困っている「気になる」行動は"何か"
- 【when】"いつ"「気になる」行動が生じ，"いつ"みられないのか
- 【where】"どこで"「気になる」行動があり，"どこ"でみられないのか
- 【how】「気になる」行動は"どのように"困っているか
- 【why】（わかる範囲で）「気になる」行動がおこるのは"なぜか"

　集団のなかで「気になる」子どもがいるとき，その子どもを問題視するのは簡単なことである．保育者が「気になる」子どもをクラスの規範に合わせたりして，一方的になんとか「気にならない」子どもへと変容させようとすることに重きを置こうとすると，かえって問題がややこしくなることもある．保育者を含めた環境の設定を子どもの行動特徴に合わせて調整できる柔軟性をもつことが，保育者に不可欠な資質のひとつといえる[2]．

〈検討課題４〉

- K児の事例で，行動上の問題が発生する要因は何か，前述の"５Ｗ１Ｈ"にしたがって整理し，考えてみよう．そして，保育のなかで必要な援助は何か，その際に障害の特性についてどのような配慮が必要なのか，意見交換してみよう．

　次に，Ｎの事例を見ていくことにしたい．

【事例7-2】N児（年長男児）

　N児はAD/HDの診断がある男児である．多動が強く，興味の向くままに走り回り，ちょっとでも気に入らないことがあると奇声をあげたり，足をじたばたさせながら激しく泣く．保育者の指示に対しては「わかった」とは言うが，別に興味あることが起こるとすぐにそちらに注意が向いてしまったり，仲間たちの行動をみてから一歩遅れて行動することが多い．工作が大好きで，保育者の話をする前に勝手にはさみを使ったりして製作を始めてしまうが，クワガタやセミなど虫の造形をさせると，非常にすばらしいできをみせる．鞄を片付けたり排泄を知らせたりすることは何の問題もないが，クラスの仲間関係をみるとあまり親しい友人はいないようで，自由遊び場面でも，本人のしたい遊びに参加するというよりは，大勢で展開されている遊びに単にくっついているだけのようにもみえる．

〈検討課題5〉

・Nに対して，どのような保育援助が必要であろうか．自分が担任保育者だと想定して，どう援助していくか考えてみよう．

　N児は，AD/HDの特性が非常に強く出ているようで，実際に診断もついているとのことである．ここではN児の事例をとおして，どのように保育援助をしていくか，4つの観点から発達支援の留意点を考えてみたい．
　第一に，保育環境の工夫である．保育所・幼稚園では，たとえば子どもたちが楽しくワクワクして園生活を過ごせるように，季節感あふれた壁面製作がなされていることがある．ところがこのワクワク感がくせ者で，衝動性や不注意の問題と表裏一体なのである．AD/HDの子どもにとっては，過剰な刺激になってしまい，無用な行動を誘発させてしまうことにもなってしまうことから，飾りやおもちゃ，絵本などの配置が，過剰な刺激にならないように配慮したいところである．また，保育者がそばについて，子どもの視界にはどのように映っているのか確認しながら，注意がそれそうなときはそれとなく声をかけるなど，注意が拡散しないようにする働きかけも効果的であろう．
　第二に，活動には常に見通しをもたせることである．あらかじめ，スケジュ

ールや行程を示したり，その都度どの段階にあるのか相互に確認することで，子どもも安心して活動しやすくなる．その活動の中で何が許される行動か，許されない行動かを子ども本人と話し合いながら，ルールを決めていくこともよいだろう．このとき，保育者の意図を押しつけるのではなく，子どもが自分で決めたと思えるようにすることが重要となる．自分で決めたことを破ると責任感や罪悪感を感じやすいが，他人が決めたことにはそれらが感じにくいからである．今の活動は立ち歩いていいか，立ち歩きたくなったらどうすればいいか，どこまでは保育者が我慢でき，どの行動は我慢できないか，その都度伝えていくことも，広い意味で活動の見通しをもちやすくする．

　第三に，良いことと悪いことを明確にした上で，良いことはすぐに十分にほめ，悪いことはすぐに簡潔に叱ることである．当たり前のことだが，これを粘り強く伝えることが肝要である．このとき，何が良いことで何が悪いことなのか，はっきり理由も含めて説明する方がよい．AD/HDのある子どもは，その障害特性から叱責されることも多く，自己評価が下がってしまいやすい．具体的に良かった点・悪かった点を伝えることで，なぜほめられたか・叱られたかを子ども自身も理解しやすくなる．なおこの観点は，行動療法・応用行動分析という領域でさらに詳しく論じられている考え方でもあるが，紙面の都合で簡潔な説明にとどめるので，興味があればさらに調べてみるとよいだろう．

　第四に，クラスの仲間関係の構築である．障害のある子どもはとくに仲間関係をうまくつくれない場合も多いだろう．たとえば，自己主張をする行動のひとつとして，相手を攻撃する行動をとる子どもがいる．外顕的攻撃[3]（相手を叩いたり乱暴な行動をとるなど周囲にわかりやすい攻撃）や関係性攻撃（仲間はずれや陰口のように周囲の目につきにくい攻撃）のような行動には，子どもができるだけ自身の行動で事態を解決していくことが最も望ましいが，あまりにも執拗だったり陰湿な場合は，保育者による介入が必要となる．反対に，仲間に入りたいのになかなか集団に加われなかったり，言いたいことがあるのにことばに出して伝えられない子どもや，あえて集団から離れて一人でいることを好む子ども

もいる．このような場合も，保育者がその子どもを無理に集団に加える必要はないが，仲間からの消極的な姿勢や孤立があまりにも顕著な場合は，同様に保育者が仲立ちにたって集団活動につなげる援助が求められる．

注）
1）リサ・A・カーツ（七木田敦・増田貴人・澤江幸則監訳）『不器用さのある発達障害の子どもたち　運動スキルの支援のためのガイドブック―自閉症スペクトラム障害・注意欠陥多動性障害・発達性協調運動障害を中心に―』　東京書籍　2012年
2）浜谷直人「ちょっと気になる子の理解と指導」茂木俊彦・清水貞夫監修『講座転換期の障害児教育第2巻障害乳幼児の療育・保育』三友社　1999年　pp.201-224
3）畠山寛・畠山美穂「「人間関係」と発達とその問題」小田豊・奥野正義編著『保育内容　人間関係』北大路書房　2003年　pp.53-68

(5) 発達支援の風景——育児に支援を求める保護者とともに——

演習8　保護者・きょうだいなど家族への支援

1）家族支援の視点

　発達障害のある子どもの場合，集団の場面で人とのかかわりに課題をもつことが多いが，これは家族との関係でも同じである．子育てのなかで，親は子どもの気持ちや行動の意味が理解できずに悩んでしまう，あるいは不適切なかかわり方をして二次的障害を誘発してしまうこともある．

　親は，「障害」について理解したうえで親になるということは稀である．障害のある子どもと向き合いながら，どのように子育てをしていくのか，日々の生活のなかで悩みつつ親として成長していく．第1部でも述べたように，親は子どもの成長過程とともに，障害への理解を深めながら養育に積極的に向き合うことができるようになる．

　尾崎康子（2010）は，障害のある子どもの親の立場には，①子どもの障害に直面して不安や混乱を起こし，親自身が支援を受ける被支援者としての立場，②専門家と協力，協働して子どもを支援する支援協力者としての立場，③親自身が主体的に子どもを支援する支援者としての立場，の3通りがあるとしている．[1]

　保育者は，保護者が置かれている状況を把握したうえで，現時点で可能な立場と役割を判断し，支援のあり方を考えなければならない．

　次の事例は，保育者から支援を受けて，障害のあるわが子へのかかわり方を変えていった母親のケースである．

　現在，たくみくんの家庭は，多忙で子育てに協力的でない父親，出産を終えたばかりで生後4カ月の赤ちゃんを抱えている母親の4人家族である．保育者は，たくみくんとクラスの友だちのかかわりを創るとともに，保護者と協力し

て，たくみくんの発達を見守っていこうと考えていた．一方で，母親のたくみくんへの不適切なかかわり方（マルトリートメントが疑われる態度）に疑問を感じていた．

保育者は，母親の子どもへのかかわり方を責めるのではなく，まず親自身が支援を受ける立場として考えてみることにした．

【事例8-1】マルトリートメントの疑いがあるケース
　対象児　：たくみ（男児）4歳9カ月　年中児クラス　広汎性発達障害
　家族構成：父（自営業），母（公務員：育休中），妹（0歳4カ月）

　たくみくんは1歳児より入所し，3歳児のときに広汎性発達障害の診断を受けた．保育者は入所時から，たくみくんが無表情なところや同じ遊びを繰り返して，友だちとのかかわりが少ないことが気になっていた．そこで，たくみくんの好きなミニカーを用いて友だちと遊ぶ機会をつくったり，わらべ歌を通して友だちとのふれあい遊びをしたりして，少しずつ友だちとの関係性を築いてきた．その甲斐もあって，現在では，クラスに一緒に遊ぶ友だちができ，クラス活動にも参加できるようになってきた．

　しかし，保育者がもっとも気になっていたのは，母親のたくみくんへのかかわりであった．登所時，たくみくんは車から降りると，保育室に行く途中にあるうさぎ小屋に必ず立ち寄る．そこで，1，2分うさぎを眺めてから保育室にくるのを日課にしていた．母親は，たくみくんがうさぎを眺めはじめると，いつもイライラした様子が見られた．そのまま待つときもあるが，たいていは「はやくして！」と強く言う．しかし，たくみくんは応じない．ある日，業を煮やした母親が，たくみくんの頭を叩き，暴れるたくみくんを抱きかかえて保育室までやってきた．そして，保育者に預けて何もいわずに出勤してしまった．

　そのようなことが続き，たくみくんは不安定で落ち着きのない様子が見られるようになってきた．保育者は登所，降所時に母親と話をしようと試みるが，近寄っていくと避けるように去っていく．父親は自営業で忙しく，子育てに協力的ではない．保育者は，どのように家庭との接点をもてばいいのか困っている．

〈検討課題1〉

・保育者と話をするのを避けていた母親の心境を考えてみよう．

- 「全体」に目を向けた支援として，他にどのような方法があるか，話し合ってみよう．

2）保護者支援の方法

　事例8-1の場合，母親と直接話をすることが難しい状況である．これでは，個別に話をする機会を作ろうとしても保護者の警戒心を強めてしまう結果になりかねない．

　このように「個別」に話をすることが難しい場合は，「全体」に目を向けることが有効である．

　以下，本事例の続きを記す．

> 【事例8-1】保護者との関係
> 　保育者は所長に相談した結果，たくみくんの家族だけでなく，保育所全体で保護者支援に取り組むことを決めた．保育所で話し合った結果，「ハッピー7カード」（図6-1）を取り入れることにした．各クラスで，「今週のハッピーカード」を決めて，登降所時に，まず保育者と子どもが行い，次に子どもと保護者がやってもらうように促した．
> 　たくみくんの母親は当初嫌がっていたものの，他の保護者もやっているため，ぎこちなくやってみる様子がみられるようになった．続けるうちに，たくみくんが嬉しい表情を見せるようになり，それにあわせてたくみくんの母親も自らやるようになっていった．その後，保育者は母親と子育ての話ができるようになり，母親がたくみくんに強くあたることも少なくなってきた．

　上記のように，保護者との信頼関係が築けていない場合や直接話をするのが難しい場合には，全体として進める視点をもつことを大切である．障害のある子どもをもつ家族にとって有効な支援が，他の家族にとっても有効であるような発想をもつようにするとよい．

図6-1 ハッピー7カード

| おでこにちゅっ♡ | ほっぺにちゅっ♡ | おでことおでことこっつんこ！ | ほっぺとほっぺとぴったんこ！ |
| だっこして | おんぶして | だっこしてほっぺにちゅっ♡ | |

各カードに「"だいすきだいすき！"を5回言う」

〈ハッピー7カード〉
〇使い方
　7枚のカードを裏返しにして，子どもにひかせる．出たカードの内容を保護者と子どもで楽しむ．

3）障害のある子どもの「きょうだい」の特徴

　シーゲル（Siegel, B.）ら（1994）によると，障害のある子どもの「きょうだい」には4つのタイプがあるという．それは，①親役割をとる子ども，②引きこもる子ども，③行動化する子ども，④優れた行動をとる子ども，である．
　親役割をとる子どもは，きょうだいのお世話を積極的に行ったり，家事の手伝いを行ったりする．このように，意識的，無意識的に親のように家庭内役割を担うような子どもである．このような子どもは，幼少の頃から過剰な自立を求められ，かつ褒められる経験の多かった場合にみられることが指摘されている．このような子どもは，自分やきょうだいのためではなく，親のために行動

していることに注意しなければならない．

　引きこもる子どもは，家族間の葛藤から身を遠ざけて心の安定を図ろうとする．親役割をとる子どもが外に見える行動として示すのとは対照的に，不安を内に閉じ込める子どもといえる．親の機嫌を損ねるようなことをすることもないので，手がかからない子どもと認識されることが多い．また，親からも手がかからないことを賞賛されるため，ますます引きこもっていくようになる．しかし，このような極端な行動抑制が，食欲不振や不眠などの心の不調として現れることもある．

　行動化する子どもは，暴言や暴力，物を壊すなど，怒りや不満を反社会的行動として表す子どもである．このような子どもは，親からみると困った子であるが，自分の感情を表出している分，健康的ともとらえられる．その表出の方法を社会的に適切な方向に促すことが必要になる．子どもの暴力・暴言に対して，感情的に指示をしても効果はない．子どもに負担をかけていることをねぎらうような態度をとることが必要である．

　優れた行動をとる子どもは，親役割をとる子どものように家庭内ではなく，家庭外で社会的に認められるような成果をあげようとする．たとえば，スポーツや習い事などで優れた姿を見せることで，親からの承認を得ようとする．親は障害のある子どものきょうだいに理想を求めてしまうことが多い．そのため，親は優れた能力を見せる子どもに高い期待をもつようになる．しかし，子どもは常に優れた結果を出せるわけではない．そのときに，親ががっかりするような素振りを見せると子どもは深く傷つく．このような子どもには，結果ではなく，努力した過程を認めるような言葉かけが必要になる．

　事例のますみくんは，①，④ から ③ の姿が生まれたといえるだろう．4つのタイプは固定的なものではなく，性格，年齢，発達，周囲の環境などによって変化する．障害のある子どものきょうだいには，その心持ちを推察してかかわることが大切である．

> **【事例8-2】障害のある子どものきょうだいが気になるケース**
> 　　対象児　：ますみ（男児）　6歳2カ月　年長児クラス
> 　　家族構成：父（会社員），母（専業主婦），弟（知的障害：年少クラス）
>
> 　ますみくんの弟は，重度の知的障害がある．母親，祖父母とも教育熱心で弟のためにできることは何でもやってあげたいという強い信念をもっているようにみえる．そのため，母親は，時間が許す限り，病院，療育機関，親の会などに行く様子が見られた．
> 　そのような環境で育ったますみくんは，誰もが認める典型的な「良い子」であった．自分のことは自分でやる姿が見られたり，周囲の大人の気持ちを察して手伝いをしてくれたりすることも多く，保育者も助かることがしばしばであった．
> 　しかしある日のこと，保育所で弟に向かって，ますみくんがおもちゃを投げつけるということがあった．近くで様子を見ていた保育者にもその理由がわからなかった．担任の保育者が，ますみくんに優しく言葉をかけて，理由を聞きだそうとしたが，黙ったままで何も話してくれない．
> 　そこで，緊急に保育者が集まってカンファレンスを行うことにした．ますみくんの行動の背景を話し合った結果，家庭でも保育所でも大人から「良い子」を期待されていることが関係しているのではないかということになった．
> 　ますみくんが弟におもちゃを投げたつけことを保護者に話すと驚いた様子であった．保育者は，そのことでますみくんを叱らないようにすること，また1日10分でもいいから，ますみくんと二人きりで話す時間をもつようにすることを伝えた．
> 　翌日，ますみくんが保育者に昨日のことを謝りにきた．保育者は，ますみくんをぎゅっと抱きしめて，家庭でのことを聞いた．すると，昨日はお母さんに絵本を読んでもらったことを嬉しそうに話した．母親も，つい何でもできるますみくんを放っていたことを反省したと保育者に伝えてくれた．

4）きょうだい支援の視点

　上記のように，きょうだいは，いずれのタイプであれ保護者からの承認を得るための行動を起こしていることがわかる．つまり，否応なく障害のある子どもが主役になり，きょうだいが脇役になってしまう状況がある中，何とか自分も主役になりたいという思いをもっているのである．

そのため，きょうだい支援の視点としては，いかに主役体験をもたせるかが必要となる．事例にあるように，少しの時間でも保護者と二人きりになれることによって，自分が主役である時間を確保したい．そのため，保育者は保護者に対して，簡単にできる遊びを具体的に提供することも大切である．手遊びやふれあい遊び等，準備に手間のかからないものだと，保護者も余裕をもってできる．また，家事をやりながら一緒に歌を歌うなども有効である．

きょうだいが自分の時間をもつことも大切である．障害のある子どもから解放されて，自分のやりたいことを思う存分できるような環境を作ることを保護者に薦めたい．保護者と障害のある子どもから離れて，同年齢の子どもたちと遊ぶような機会は，きょうだいにとって貴重である．保育者は，親戚や近所の友人関係などから，そのような機会を作るよう保護者に助言したい．

〈検討課題2〉
- きょうだいが主役体験をできるような遊びを考えてみよう．
- 「個」を大切にする褒め方とは何だろうか．グループで話し合ってみよう．

5）きょうだい支援の方法

事例にあるように，障害のある子どもときょうだいが同じ保育所・幼稚園に在籍していることも少なくない．保育者は，きょうだいが障害のある子どもとどのようにかかわりをもつのかを意識しておかなければならない．その際，家庭で期待されるような役割を保育所・幼稚園でも期待することは避けたい．たとえば，保育者が何気なくきょうだいのことを「お兄ちゃん」と呼ぶだけでも，子どもは過敏になっているものである．保育所・幼稚園でかかわりをもつ場合は，家では経験しにくいような「一緒にやると楽しい遊び」を提供するとよい．

保育者は，きょうだいをあくまで「個」としてとらえる意識が必要である．きょうだいは，将来的に保護者に代わって障害のある子どもを支えていかなけ

ればならなくなる．しかし，幼少期からそのような意識をもてばいいものではない．保育者は，きょうだいのありのままを受け入れることで，肯定的な関係性を築くことを支えたい．

参考文献

高橋三郎・染矢俊幸・大野裕（翻訳）『DSM-IV-TR 精神疾患の診断・統計マニュアル』医学書院 2003年

American Psychiatric Association, *Diagnostic and Statistical Manual of Mental Disorders :* DSM-V, American Psychiatric Publishing, 2013

尾崎康子・小林真・水内豊和・阿部美穂子『よくわかる障害児保育』ミネルヴァ書房 2010年 pp.160-161

Siegel, B. & Silverstein, S., *What about me? : Growing up with a developmental disabled sibling.*, Perseus Publishing, 1994.

第7章　施設・専門機関の地域ネットワークの現状

2012年4月に施行された改正児童福祉法により，障害のある子どもの在宅支援については，都道府県から市町村に実施主体を移すとともに，児童発達支援センターを中核として，地域の実情に応じた支援を提供する体制となった．

また，1994年に法定化された保健センターは，市町村における身近な健康づくりや相談の場として各種事業を実施しており，母子保健事業では乳幼児を対象とした健康診査などを実施して，育ちや発達が心配な子どもを発見し，関係機関につなげる役割を担っている．

本章では，障害のある子どもの地域支援ネットワークの例として，児童発達支援センターと保健センターを中核とした連携について紹介する．

(1) 児童発達支援センターを中核とした連携

1) 障害児通園施設の設置と障害児保育

1970年代，先進的な保育所や幼稚園で実施されていた障害児保育の取り組みが全国的に広がりをみせるようになり，1974年には保育所の障害児保育と私立幼稚園を対象とした障害児保育の補助制度が国により制度化され，障害児保育の取り組みが本格化した．

一方，滋賀県大津市など先進的な自治体では，脳性まひやダウン症候群など生後早い段階で発見が可能な肢体不自由や知的発達障害のある乳幼児を早期に発見し，早期に療育に結びつける取り組みを行っていた．これら，早期発見，早期療育の取り組みは1970年代に全国的にその効果が知られるようになり本

格化していった．

　このような障害児保育の進展や早期発見・早期療育の動きのなかで，「満6歳以上の利用に限る」とした知的障害児通園施設の年齢要件が撤廃され，1980年代には学齢児を対象とした通園施設は，障害のある乳幼児の早期療育に軸足を移すことになった．

2）障害児通園施設の課題と児童発達支援センターの開設

　障害種別に分かれて設置された障害児通園施設では，たとえば，肢体不自由児や難聴児は施設の設置数が少なく利用できる施設が限られている，措置制度のため定員を超えた利用が難しい，保育所との併用が難しいなどの課題があげられてきた．

　また，2000年代に入り，発達障害の支援が課題となってくると，知的障害を伴わない発達障害のある子どもの利用が難しい，気づきや障害確定前の支援ができないなどの課題が顕在化した．そのため利用者からだけでなく，施設設置者の中からも3障害一元化に向けた取り組みや多様化するニーズに応じたさまざまな支援メニューを実施して，地域の支援拠点化に向けた実践を行いやすくすることが求められるようになった．

　2006年には「障害者自立支援法」が施行され，措置から契約，1割負担を上限とする応能負担から応益負担の導入，施設から地域生活への移行，身体障害と知的障害と精神障害の3種別に分かれた施設体系を一元化する3障害一元化などが定められた．

　障害者自立支援法の附則に記載された見直し規定により，2008年に厚生労働省内に「障害児支援の見直しに関する検討会」が設けられ，身近な地域での支援など10項目にわたる検討を行った．

　障害種別に設置されている障害児通園施設については「障害児の専門施設として機能を拡充していくことが求められている」「通所施設としての機能を基

本として，地域の実情に応じて，保育所等の巡回を行う」「身近な地域で支援が受けられるように，障害種別による区分をなくし，多様な障害の子を受け入れられるようにしていく通所施設の一元化の方向で検討する」との提言がなされた．

提言を受けて関係法律の改正が行われ，児童発達支援センターの創設などを含む児童福祉法の改正が2012年4月に実施された．

改正児童福祉法の障害児通所支援関係の改正のポイントは4点である．

① 在宅の障害児の支援を充実させるために，「児童発達支援」「保育所等訪問支援」「放課後等デイサービス」の3事業からなる障害児通所支援を新たに創設した．また，障害児通所支援の実施主体を県から身近な市町村に移管し，地域の実情に応じた支援が受けられるようにした．

② 障害種別に分かれて設置されていた知的障害児通園施設，肢体不自由児通園施設，難聴幼児通園施設を児童発達支援センターとして一元化し，身近な地域の児童発達支援センターで，障害種別に問わず支援を受けられるようにした．また，発達障害を支援の対象に追加するとともに，障害確定前の段階から支援が受けられるようになった．

③ 複数の法律に分かれていた障害児支援の根拠法令を，児童福祉法に一元化した．

④ 障害児相談支援を創設し，障害児通所支援のサービス利用にあたってケアマネジメントの手法を導入した．

3) 児童発達支援センターの概要と求められる役割

児童発達支援センターは児童福祉法第43条に基づく児童福祉施設で，「障害児を日々保護者の下から通わせて，日常生活における基本的動作の指導，独立自活に必要な知識技能の付与又は集団生活への適応のための訓練」を行うことを目的とする施設で，診療所の併設の有無で医療型児童発達支援センターと福

表7-1　児童発達支援センターの実施事業

事業名	内容
児童発達支援事業 （児童福祉法第6条2）	未就学の障害児に日常生活における基本的な動作や集団生活への適応訓練を行う
保育所等訪問支援事業 （児童福祉法第6条2）	専門的な支援技術をもった訪問支援員が，保育所や幼稚園，学校や放課後児童クラブ等，児童が集団生活を送っている機関を訪問し，集団生活への適応のための支援や，訪問先スタッフに支援方法の指導等を行う
障害児相談支援事業 （児童福祉法第6条2）	一般相談事業：障害のある児童の子育てや生活全般の相談や社会資源の紹介などを行う 障害児（特定）相談支援事業：児童福祉法上（障害者総合支援法上）の障害福祉サービスの利用に係るサービス利用計画の作成および関連する業務を行う
障害児等療育支援事業 （障害者総合支援法第78条）	外来による相談・療育支援，訪問による相談・療育支援，保育所や幼稚園，学校などへの専門的な相談・療育支援を行う
巡回支援専門員事業 （障害者総合支援法第77条）	発達障害等に関する知識を有する専門員を配置して，保育所等の子どもやその親が集まる場を巡回し，施設のスタッフや親に対し，障害の早期発見・早期支援のための助言等の支援を行う． （保育所や保健センターなどを巡回し，発達障害などの気になる子に対するアセスメントや保育士などに対する**間接支援**を行う）

※障害児等療育支援事業と巡回支援専門員事業は，障害者総合支援法による地域生活支援事業のため，実施状況は自治体によって異なる

祉型児童発達支援センターとに分けられる．

　児童発達支援センターの職員配置は，「児童福祉施設の設備運営に関する基準」により，嘱託医，児童指導員，保育士，栄養士，調理員，児童発達支援管理責任者のほか，機能訓練を行う場合には機能訓練担当職員を置くこととされ，難聴児を通わせる場合には言語聴覚士の，重症心身障害児を通わせる場合には看護師の配置が義務付けられている．さらに，障害児相談支援や保育所等訪問支援を実施する場合には，相談支援専門員，訪問支援員を置かなければならないとされている．

　このように，児童発達支援センターには，さまざまな職種の職員が配置されているのが特色であり，児童福祉施設で配置が義務付けられている保育士と児

第7章　施設・専門機関の地域ネットワークの現状　157

図7-1　児童発達支援センターを中心とした支援体制

(別紙1) 地域における支援体制のイメージ (案)

児童発達支援センターが専門的支援のノウハウを広く提供することにより，身近な地域で障害児を預かる施設の質の担保と量的な拡大に繋がることを期待。

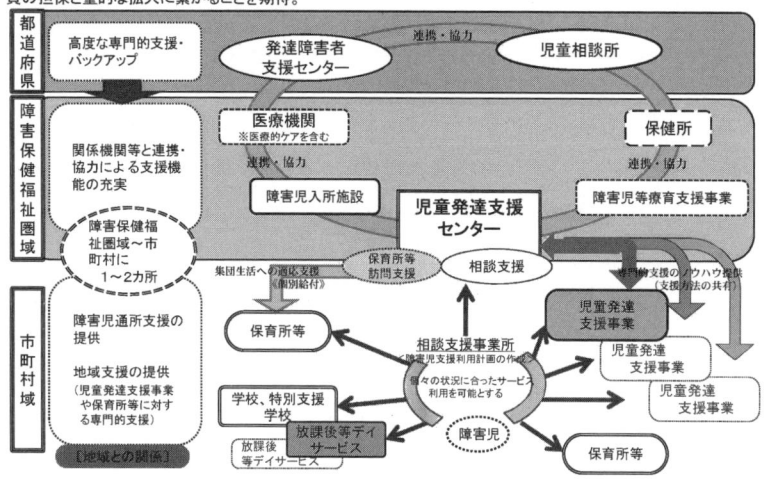

出所）厚生労働省障害保健福祉関係主管課長会議資料　2011年6月30日

童指導員以外の主な職種の概要は以下のとおりである．

児童発達支援管理責任者：児童発達支援計画の作成に関する業務，保護者との面談，職員に対する技術的な指導と助言，関係機関との連絡調整などの業務を行う

機能訓練担当職員：日常生活を営むのに必要な機能訓練を行う理学療法士，作業療法士，言語聴覚士，臨床心理士などの職員

訪問支援員：「保育所等訪問支援事業」を担当する職員で，保育所等を訪問し，児童に対する集団生活適応のための指導や保育士等への技術的指導等を行う

相談支援専門員：「障害児相談支援事業」を担当する職員で，障害福祉サービス利用にかかわるサービス利用計画の作成，社会資源の利用にかかわる相談

158　第2部　障害のある子どもの保育の実際

図7-2　児童発達支援センターに求められる機能

児童発達支援センターと事業について

(法) 児童発達支援は、① 児童福祉施設と定義される「児童発達支援センター」
② それ以外の「児童発達支援事業」　の2類型

(法) 児童発達支援センターその他の厚生労働省令で定める施設 ⇒ 「便宜を適切に供与することができる施設」と規定（予定）

センターと事業の違い

センター、事業どちらも、通所利用の障害児やその家族に対する支援を行うことを「共通」とし
- 「センター」は、施設の有する専門機能を活かし、地域の障害児やその家族への相談、障害児を預かる施設への援助・助言を合わせて行うなど、地域の中核的な療育支援施設
- 「事業」は、専ら利用障害児やその家族に対する支援を行う身近な療育の場

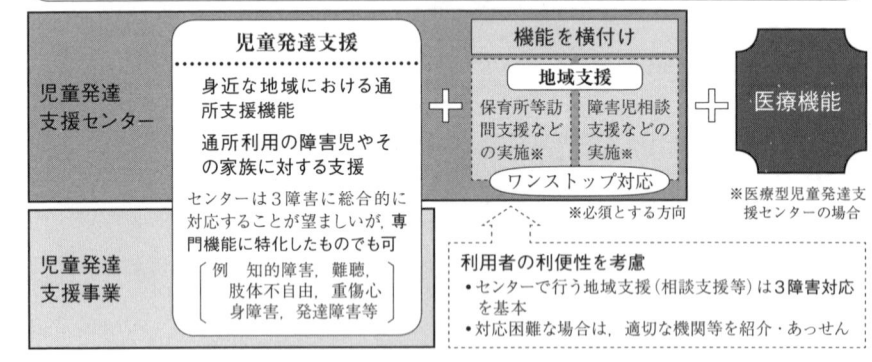

児童発達支援センター

児童発達支援
- 身近な地域における通所支援機能
- 通所利用の障害児やその家族に対する支援

センターは3障害に総合的に対応することが望ましいが、専門機能に特化したものでも可

例　知的障害、難聴、肢体不自由、重症心身障害、発達障害等

＋

機能を横付け

地域支援
- 保育所等訪問支援などの実施※
- 障害児相談支援などの実施※

ワンストップ対応
※必須とする方向

利用者の利便性を考慮
- センターで行う地域支援（相談支援等）は3障害対応を基本
- 対応困難な場合は、適切な機関等を紹介・あっせん

＋

医療機能

※医療型児童発達支援センターの場合

児童発達支援事業

出所）厚生労働省障害保健福祉関係主管課長会議資料　2011年6月30日

図7-3　山口県の児童発達支援センター

山口県の児童発達支援センター

- 県内主要5都市に設置
- 約30万人の圏域人口を抱える
- 主な障害福祉圏域に一か所ずつ設置（複数の市町を支援）
- 圏域の障害児支援の中核として総合的な発達支援サービスを提供
    多職種を配置してさまざまな障害に対する支援を行う
    早期対応：外来相談、母子通園訓練事業、（併設型）児童発達支援事業
    相談支援：相談支援事業所を設置して一般相談や障害福祉サービス利用計画の作成を行う
    地域支援：保健センターの健診の事後教室の支援、保育所や幼稚園の障害児保育の支援、在宅障害児を対象とした外来療育教室の開催、発達障害の支援に関する研修会の開催、訪問療育教室の開催
    保護者支援：日中一時支援（ショートステイ）、開所時間延長
    学齢児の支援：放課後等デイサービス、デイケア事業

や障害のある子どもの子育てに関する相談等に応じる

児童発達支援センターの制度化の議論の中で，療育支援機能に加えて，障害児通園施設として培った専門性を生かして地域支援機能を付与し，地域の障害児支援の中心的な施設としての役割が期待され，制度設計がなされている（図7-1，図7-2，表7-1）．

なお，「障害児相談支援事業」と「保育所等訪問支援事業」の両事業については2015年から，児童発達支援センターの必須事業とされる見込みとなっている．

児童発達支援センターの地域支援の取り組みとして山口県内の児童発達支援センターの取り組みを紹介する（図7-3）．

山口県は中心となる都市がなく，分散型の都市配置をとっていることもあり，障害のある子どもを支援する県内のセンター的な専門施設が設置されていないという特性がある．

そのため，県内の主要障害福祉圏域に設置された5か所の児童発達支援センターが，複数の市町を対象に各種地域支援事業を実施して，児童期を中心としたライフステージの各段階に応じた支援を行っている．

4）児童発達支援センターを中核とした連携

2012年4月の改正により，障害児通所支援のサービス利用に当たっては，児童相談所に申請し認定調査を経て支給決定を受けるものから，児童発達支援センター等に併設されている障害児相談支援事業所の作成するサービス利用計画（「障害児支援利用計画」）を市町村に提出して支給決定を受けるものに変更になった．

サービス利用計画の作成に当たっては，子どもの障害特性や保護者の状況，家庭環境などのアセスメントに加えて，子どもの支援等を行っている保健センターや医療機関，保育所や幼稚園などの保育施設，相談機関や福祉施設など関

係する機関と連絡調整のうえ，計画案を作成することになっている．

今後，児童発達支援センターが，障害のある子どもにかかわる専門機関の連携の中心となって支援を行う体制が強化されていくことが望まれる．

【事例1】幼稚園との連携で支援を行ったケース
○A君（広汎性発達障害　5歳）
　3歳で幼稚園の年少クラスに入園．「入園当初より落ち着きがなく，指示が入りにくいなどの状態があり，専門的な支援が必要ではないか」と幼稚園から児童発達支援センターに相談があり，児童発達支援センターに併設している「障害児相談支援事業所」の相談支援専門員が幼稚園を訪問する．
　児童の様子の観察や幼稚園教諭の訴えから，幼稚園の生活を中心としつつも，発達の特性に合った支援の必要性を感じ，幼稚園と連携をしながら支援を開始する．
　相談時は保護者の障害受容が十分ではないため，当面は「障害児等療育支援事業」の施設支援事業を活用し，本児の発達・療育支援と通園している幼稚園への支援を開始するとともに，保護者への子育て支援についても幼稚園と連携を取りながら支援を行うことにする．
○児童発達支援センターとの連携
　児童発達支援センターの訪問支援員の助言により，年少クラスのクラス環境の改善や本児への言葉かけなどを工夫することにより，クラスの活動に少しずつ参加できるようになった．保護者も本児の変容を喜ぶとともに，本児の発達特性に合った支援の必要性を感じるようになり，幼稚園の主任の紹介で相談に来るようになる．
　施設見学や併設の相談支援事業所との話し合いの後，保護者の希望で児童発達支援センターが実施する「児童発達支援事業」利用による幼稚園と児童発達支援センターの併行利用を開始する．
　4歳2か月で医療機関を受診し，広汎性発達障害との診断を受ける．
　年中クラスでの1年間は，幼稚園週3日，児童発達支援センター週2日の併行利用と月1回の個別言語指導を受けた．年長クラスでは，幼稚園の生活を中心とするため，月2回の保育所等訪問支援で支援を継続する．

〈検討課題〉
　1．保護者の障害受容に向けた援助はどのようなものが考えられるか
　2．幼稚園と児童発達支援センターの連携はどのようなものが考えられるか

3．児童発達支援センター等が実施する，障害児相談支援事業，障害児等療育支援事業保育所等訪問支援事業の３種の地域支援事業について内容を整理してみよう

(2) 保健センターを中核とした連携

1）保健センター（市町村保健センター）の概要

　保健センター（市町村保健センター）は市町村における身近な健康づくり，相談の機関として，1994年に法定化された市町村の設置する機関で，「住民に対し，健康相談，保健指導及び健康診査その他地域保健に関し必要な事業を行う（地域保健法第18条）」ことを目的としており，

図7-4　市町村保健センターの業務

市町村は母子保健事業、健康増進事業、予防接種等の地域住民に密着した総合的な対人保健サービスを実施することとされている。また、身近で利用頻度の高い保健サービスが一元的に提供されること踏まえ、保健活動の拠点として市町村保健センターが整備されている。

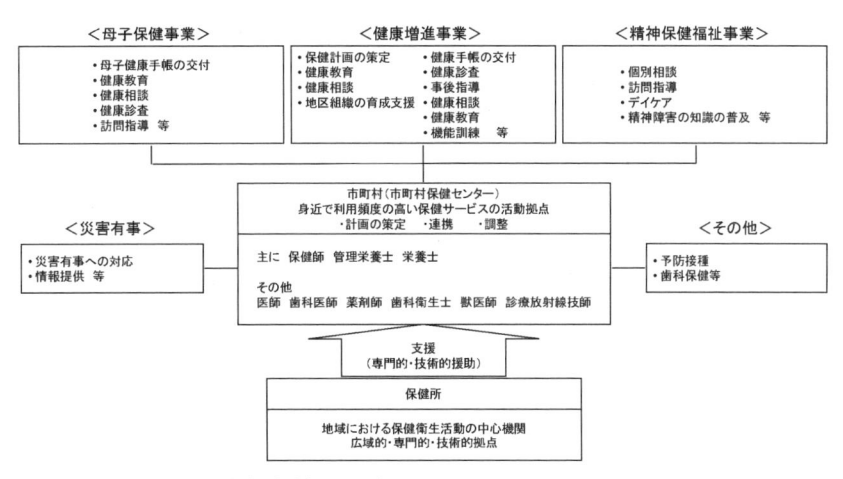

＜母子保健事業＞
・母子健康手帳の交付
・健康教育
・健康相談
・健康診査
・訪問指導　等

＜健康増進事業＞
・保健計画の策定
・健康教育
・健康相談
・地区組織の育成支援
・健康手帳の交付
・健康診査
・事後指導
・健康相談
・健康教育
・機能訓練　等

＜精神保健福祉事業＞
・個別相談
・訪問指導
・デイケア
・精神障害の知識の普及　等

＜災害有事＞
・災害有事への対応
・情報提供　等

市町村（市町村保健センター）
身近で利用頻度の高い保健サービスの活動拠点
・計画の策定　　・連携　　・調整
主に　保健師　管理栄養士　栄養士
その他
医師　歯科医師　薬剤師　歯科衛生士　獣医師　診療放射線技師

＜その他＞
・予防接種
・歯科保健等

支援
（専門的・技術的援助）

保健所
地域における保健衛生活動の中心機関
広域的・専門的・技術的拠点

出所）厚生労働省地域保健対策委員会資料　2010年7月20日

① 妊産婦や乳幼児を対象とした母子保健事業
② 高齢者や健康に不安を抱える地域住民を対象とした健康増進事業
③ 精神障害者などを対象とした精神保健福祉事業
④ 予防接種等の地域住民に密着した対人保健サービス

の4事業を実施している（図7-4）．

このうち，母子保健事業は母性および乳幼児の健康の保持・増進を図ることを目的とする母子保健法に基づく保健サービスで，母子健康手帳の交付，妊産婦および乳幼児の健康診査と訪問指導，親になるものを対象とした親学級や育児講座などの事業を実施している．

2）障害の早期発見，早期支援の場としての健康診査

疾病の早期発見および発育・発達の状況把握，育児不安や育児困難な保護者の把握とその後の支援のきっかけづくり，さらには，子どもの障害を早期に発見し，適切な支援を行うための仕組みとして母子保健法による健康診査（以下「健診」）が行われている．

母子保健法第12条では乳幼児の健康診査を次のように規定している．

- 乳児期（1歳に満たない者をいう）については，1か月や3か月，7か月などの発達の節目に，市町村の定めた時期や方法で健診を実施する．
- 幼児期（満1歳から小学校就学の始期に達するまでの者をいう）には，満1歳6か月児健診と3歳児健診を市町村が実施する．各々の健診項目は表7-2のようになっている．

○ 幼児健診の実施方法
- 幼児健診の案内：事前に案内を送付する．3歳児の場合は家庭で視力，聴力の検査を行う．
- 小児科健診：委託された医療機関等で個別健診の形式で実施されることが

表7-2 幼児健康診査の実施項目（「母子保健法施行規則」第2条）

1歳6か月を超え満2歳に達しない幼児	満3歳を超え満4歳に達しない幼児
一　身体発育状況 二　栄養状態 三　脊柱及び胸郭の疾病及び異常の有無 四　皮膚の疾病の有無 五　歯及び口腔の疾病及び異常の有無 六　四肢運動障害の有無 七　精神発達の状況 八　言語障害の有無 九　予防接種の実施状況 十　育児上問題となる事項 十一　その他の疾病及び異常の有無	一　身体発育状況 二　栄養状態 三　脊柱及び胸郭の疾病及び異常の有無 四　皮膚の疾病の有無 五　眼の疾病及び異常の有無 六　耳，鼻及び咽頭の疾病及び異常の有無 七　歯及び口腔の疾病及び異常の有無 八　四肢運動障害の有無 九　精神発達の状況 十　言語障害の有無 十一　予防接種の実施状況 十二　育児上問題となる事項 十三　その他の疾病及び異常の有無

多い．

- 歯科健診，保健相談等：保健センター等で集団健診の形式で実施されることが多い．問診や保健相談，栄養相談等も併せて行われ，児童の発達状況等の確認が行われる．

○　1歳6か月児健康診査の実施方法

1歳6か月健診については，満1歳6か月を超え満2歳に達しない幼児を対象に，歩行やことば，幼児食への移行などの発達のマイルストーンが獲得されているかどうかを確認することで，視聴覚の障害，運動発達や精神発達の遅れなど，障害や障害の疑いのある幼児を早期に発見し，適切な指導を行うことで，障害の進行を未然に防止する．また，生活習慣の自立や栄養および育児に関する指導を行い，幼児の健やかな発育を援助する．健診の種類は，一般健診，歯科健診および精密健診である．

一般健診の結果，心身の発達の遅れや疾病の疑いがあり，より精密に健診を行う必要がある場合には専門医師による精密検査が行われる．また，精神発達面については，医療機関や児童相談所等において精神科医および児童心理士等による精密健診が行われる．

乳児健診では，先天性の疾患，脳性まひ，運動遅滞を伴う精神発達遅滞などの発見が，また，1歳6か月健診では，重度精神発達遅滞や知的障害を伴う自閉症スペクトラム障害の発見が可能である．

○ 3歳児健康診査の実施方法

3歳児健診は，満3歳を超え満4歳に達しない幼児を対象としており，視えや聴こえの発達，階段の昇降などの粗大運動の発達，食事や排せつなどの身辺自立の状況などを問診することにより，獲得した力を充実させているかどうかを確認するとともに，視聴覚や運動，発達等の障害，その他の疾病および異常の疑いのある幼児を早期に発見し，適切な指導を行うことにより，障害の進行を未然に防止する．また，う蝕（むし歯）の予防，発育，栄養，生活習慣など，育児に関する指導を行い，幼児の健やかな成長を援助する．また，1歳6か月健診時に精密検査などの判定が出た幼児の状況確認を行い，必要であれば支援につなげることも行われている．

健診の種類および精密検査の対応は1歳6か月児健診と同様である．

なお，3歳児健診については保育所や幼稚園就園後の集団生活での行動を評価し，発達障害等支援が必要な子どもの早期発見，また，視えの異常の見落としを少なくする観点から3歳の誕生月の実施から3歳6か月時に健診を実施する市町村が増えている．

3歳児健診では，中度精神発達遅滞や自閉症スペクトラム障害の発見が可能であるが，自閉症スペクトラム障害を除く発達障害の多くが問題なく通過することが少なくない．

○ 5歳児健診，5歳児発達相談会の実施および効果

発達障害者支援法（2004年）では，発達障害の症状発現後できるだけ早期に発達支援を行う責務が国および地方公共団体に求められている（法第1条）．また，市町村には健診等を通して発達障害のある子どもの早期発見の責務が求められている（法第5条）．

健診等における発達障害の発見の方法としては，1歳6か月健診と3歳児健

診に発達障害の早期発見に関する問診項目を追加する方法，および，発達障害の特性が顕著になる年中児の時点において健診や相談会を実施する方法との2つの方法がとられている．

　とくに，鳥取県において先駆的に実施された5歳児健診（人口規模の大きい地域では，希望者等を対象とした5歳児発達相談会の形で実施されることが多い）の有効性が知られ，近年実施する自治体が増加傾向にあり，2011年時点で，1783市区町村で183の自治体が実施している．

　5歳児健診（5歳児発達相談会）は集団生活などで発達障害の特性が顕著となり，保護者も子育てなどに不安を感じる時期に行われるので育児の不安を解消したり，発達支援の環境を整備することが可能となる．また就学までに1年以上の期間があり，円滑な就学のための情報収集や学校との連絡調整の機会を持てることなどがあげられる．

　健診で発見された発達の遅れや障害のある子どもについては，地区担当保健師が保護者に寄り添い，子どもの状況の受容の支援，市町村保健センターの実施する健診の事後指導教室への参加勧奨（発達支援学級，親子学級などさまざまな名称で実施されており，親子で通い，子どもへのかかわり方を学ぶ形で実施されている），児童発達支援センターなどの療育機関の紹介，療育機関が実施する外来教室や親子通園への参加勧奨，保健所や児童相談所が実施する外来相談会や医療機関などの紹介などをとおして，継続的に支援を行う．

　健診は障害を発見するだけではなく，保護者を支援するとともに適切な支援につなげていくという，子どもと親を支援する場になることが望まれている．

3）保健センターを中核とした連携

　保健センターは乳幼児健診等を通して障害や発達上の問題を抱える子どもを発見し，関係機関につなげるという役割を担っている．ここでは事例を通して保健センターを中核とした連携について考える．

【事例2】虐待の疑いで市役所に通告があり，市町村保健センターの地域担当保健師の支援で連携で専門機関につなぎ，現在は地域の幼稚園に通っているケース

○事例の概要

　生後6か月ごろより視線が合わないと感じてかかりつけ医に相談したが，問題はないといわれた．乳児期はおとなしく手のかからない子どもであったが，1歳過ぎに歩き始めると，親の存在を忘れたかのように動き回り，目が離せないようになった．1歳6か月健診でことばの遅れと行動面の心配を指摘され，保健センターが実施する親子教室への参加をすすめたが，親は拒否．経過観察となる．

　本児が2歳になった時，隣家から「子どもの泣き声が絶えない．虐待ではないか」との通告が市役所にあり，地区担当の保健師が訪問．子育て上の悩みを聞くとともに，児童精神科の受診をすすめた．医師から自閉症の診断が出された．何度目かの訪問の際，「本児が『自閉症』であることを受け入れないといけないが，なかなか受け入れることができない．『自閉症』に産んでしまった罪悪感を感じている」と訴えられる．

　子どもへのかかわりにくさは，子育ての仕方が不適切であったためではなく，子どもの特性によるものだということを話し，子育てについて一緒に考えていこうと伝える．母親は担当保健師と一緒に児童発達支援センターを訪問し，療育場面の見学をした．

　児童発達支援センターの職員からも療育の必要性を助言され，週2日の親子通園を1年間利用する．3歳になって親子分離による単独通園となり，年中，年長は地域の幼稚園と児童発達支援センターの併行利用をする．

　担当保健師が，現在も半年に一度家庭を訪問し様子を聞いているが，母親から本児の成長を嬉しそうに報告されるようになる．

〈検討課題〉

1. 身近な市町の保健センターの母子保健の活動状況，支援が必要な児童の健診の事後教室と，療育へのつなぎなどについて調べてみよう．
2. 保健センターの発達障害児の発見の取り組み，とくに5歳児健診（5歳児発達相談）の実施状況と健診後の支援体制について調べてみよう．
3. 本事例の保健師の支援についてまとめてみよう．

参考文献

厚生労働省障害保健福祉部『障害児支援の見直しに関する検討会報告書』2008年（http://www.mhlw.go.jp/shingi/2008/07/s0722-5.html）

全国肢体不自由児通園施設連絡協議会『地域における障害児の重層的支援システムの構築と障害児通園施設のあり方に関する研究（2008年度障害者保健推進事業）』2008年

中村尚子『障害のある子どものくらしと権利』全障研出版部　2013年

母子保健の実施状況について（厚生労働省母子保健課2013.3.28付事務連絡）（http://www.geocities.jp/zenturen/）

平成18年度厚生労働科学研究「軽度発達障害児の早期発見と対応システムおよびそのマニュアル開発に関する研究（主任研究者：小枝達也）」（http://www.mhlw.go.jp/bunya/kodomo/boshi-hoken07/index.html）

小枝達也編著『5歳児健診――発達障害の診療・指導エッセンス』診断と治療社　2008年

杉山登志朗『発達障害の豊かな世界』日本評論社　2000年

第8章 障害のある子どもの保育の今後の課題

　ここでは，障害のある子どもをめぐる保育についての今後の課題を考えてみたい．具体的には，以下の4点について述べてみたいと思う．いずれも障害のある子どもの発達保障において，重要な視点である．

1）障害のある子どももない子どもも，ともに主体的に活動できる保育の展開

　保育所・幼稚園のような集団保育施設を利用する最大の長所は，その子どもの発達に応じた社会集団の経験が得られることである．集団生活の経験は，発達を促す要因として不可欠なものであることはいうまでもないことだろう．そして保育者は，人的環境の一部として，子どもたちが穏やかに，そして主体的に活動できるように働きかけることになる．

　ところが障害のある子ども，たとえば知的障害や自閉症スペクトラム障害のある子どもの場合，その障害ゆえにコミュニケーションの困難が生じるなどして，どんなことをしたいのかの意思表示が，周囲にとってはわかりにくいことがある．そのため，最初から他の健常児に仲間として受け入れられるとは限らないので，彼／彼女たちにとって，集団生活が集団として"楽しむ場"ではなく，お客さんのように集団のなかに"ただいるだけの場"になりかねない．障害のある子どもたちも，障害がない健常児と同じように，主体的活動が保障されるようにするために，個々に応じた配慮が求められる．

　ここで考えなければならないのは，個々に応じた保育と集団を大切にする保育という，一見相反するような概念が同時に求められていること（保育の両義

性）である．障害のある子どもを含む保育環境では，障害のある子どもが集団の中で主体的に活動し経験を重ねることができるようにする視点に加え，周囲の他の子どもたちにとっても主体的活動・集団生活経験ができる環境を模索しなければならない．

　障害のない子どもが障害のある子どもにどのようにかかわるか，後藤秀爾が[1]先行研究をもとにモデルを作成しているので紹介する．そのモデルでは，①無関心の時期，②違いを感じる時期，③手伝いとアイドル化の時期／ないしは言動を批判する時期，④仲間として認める時期，⑤仲間として遊ぶ時期，⑥仲間として育む時期，という6つの段階を示している．後藤はこの段階を3〜5歳での展開として想定しているが，もちろんこの変化は直線的に進むのではなく，各段階を行きつ戻りつする，と述べている．障害のある子どもが安心できる居場所を確保するためには，障害のない健常児とのかかわり方ができるだけ④〜⑥の段階になっていることが望ましいだろう．

　たとえば知的障害や自閉的傾向のある子どもは，状況やきまりをすぐに理解することが難しいために，他の子どもがつくった作品を，悪意があるわけでないのに平気でこわしてしまったりして，子どもたちの遊びを停滞させることもある．このとき，保育者がどのように障害のない健常児に援助するかが鍵となる．保育者の援助が不適切な場合，他の子どもはその障害のある子どもに対してネガティブなイメージをもつことになり，「できない」「わからない」ことを責めたり，あるいは過剰に世話を焼いて特別扱いをする段階で終わってしまうかもしれない．しかし保育者が，障害のある子どもと他の子どもとの「橋わたし」となって，一定の距離を保ちながらも見守りつつ，両者が関係性を築くことができるよう援助できたならば，子どもたちはこのような経験の積み重ねにより，思いやりの気持ちを育むことができるかもしれない．さらにこのとき保育者には，障害のある子どもを理解していく健常児の内面を，理解しゆとりをもって見守る姿勢も求められる．

　障害のある子どもの主体性をも保障する保育実践は，障害理解をとおしてノ

ーマライゼーション，さらには人間理解にもつながる貴重な機会になる．さらに保育者に，子どもたち同士が育ちあうための環境を設定する，という保育の基本を再認識させる機会にもつながるはずである．

2）家庭や他機関とのネットワーク，そして保幼小接続

　子どもたちの主体性を保障する保育を考えていくと，子どもの生活が保育所だけではないことに気づかされる．つまり，子どもたちは地域社会のなかで暮らしており，保育実践も地域社会のなかにある多様な人間関係を無視することはできないということである．子どもの状態によっては，保育所以外の療育・医療の専門機関と協働したり，将来を見通して教育機関と連絡をとりあうことが必要である．いずれも保育所が家庭や他機関，学校と連携をはかっていき，ネットワークとして機能させる必要がある．とくに医療的なケアやコミュニケーションに課題を抱える子どもの場合，病状や障害にはどのような特性があるのか，どのようなかかわり方が望ましいのか／望ましくないのか，保育所で起こった言動の背景に家庭や地域での様子が原因として考えられないか，そういった情報を関係者間での共有が求められる．この情報共有をしておかないと，かえって保育者・子ども双方の負担を大きくしかねないし，よりよい保育援助につなげていくことにならない．

　とはいえ，保育所がネットワークとして連携する可能性がある社会資源は非常に数多く存在する．保育実習や職場体験の受け入れを希望する中学校・高等学校や，民生委員・児童委員・主任児童委員，子育て支援のサークル・NPO団体，ファミリーサポートセンター，専門家による巡回相談，障害児・者の親の会をはじめとするセルフヘルプ・グループなど，学校教育や保健医療，ボランティア，心理，社会教育などの諸機関・団体を本節でひとつひとつ取り上げるには，紙面が限られている．また家族支援の観点は第1部第4章でも述べられている．そのため，ここでは小学校や特別支援学校との接続に絞って筆をす

すめたい.

　小学校や特別支援学校との接続については，もともと幼稚園から小学校・特別支援学校へは，子どもの行動などの記録を記した指導要録を進学時に送付することが学校教育法において定められていたが，保育所についてとくに規定はなかった．しかし保育所保育指針が平成20年に改定された際，「子どもに関する情報共有に関して，保育所に入所している子どもの就学に際し，市町村の支援の下に，子どもの育ちを支えるための資料が保育所から小学校へ送付されるようにすること」と，両者の情報共有が記載されるようになった．保育所・幼稚園と小学校・特別支援学校との接続がそれだけ重要であることの象徴ともいえる．障害のある子どもにとっては，この環境の変化についていけなくなる可能性があり，本人・家族双方にとってストレスになりかねない．したがって，保育所・幼稚園と小学校・特別支援学校の間の環境の違いを少しでもすりあわせて，環境の変化によって起こる可能性のある諸問題を，最小限にとどめようとすることが重要となる．小学校には特別支援教育コーディネーターが置かれており，学校内外の関係者との連絡調整や保護者との対応，今後の具体的支援の円滑化を図る役割を担うことになっているので，校長・教頭に加えこのコーディネーターが小学校との連携のキーパーソンになるだろう．

　具体的な手立てとしてはたとえば，家族が許す範囲で，子どもの生育歴やこれまでの支援の記録，発達検査などの資料，好きなことや苦手なこと，できることや避けたいかかわり方などをファイルにまとめたサポートブック[2]は，こういった障害理解における連携に役立つ．直接保育場面を教師に参観してもらったり，子どもと一緒に進学予定の学校を訪問するなどの直接交流も必要だろう．さらに，可能であれば，幼稚園・保育所での年長組と小学校・特別支援学校の1年生とのそれぞれのカリキュラムをつきあわせながら，ジョイント期のカリキュラムを一緒に考えていけるようになると理想的である．

3）"根拠ある情報に基づいた実践と提案（Evidence-Informed Practice）"の展開

　医療や学校教育，社会福祉などの専門的援助分野においては，"根拠に基づいた実践（Evidence-Based Practice）"，すなわち，現時点で調べられる最良の科学的研究・調査や信頼できる各種検査・援助理論などの結果を根拠にして，最善と考えられる実践方策を考えていこう，とする考え方が重視されるようになってきた．さらにこの考え方は，最近，"根拠ある情報に基づいた実践と提案（Evidence-Informed Practice）"へと昇華されてきている[3]．つまり，"根拠に基づいた実践（Evidence-Based Practice）"を考えるときに，援助実践を受ける当事者の意見も尊重しよう，そのときに保育援助の意図が当事者に受け入れられない場合も想定して，受け入れられないときも保育援助の意図の根拠となっている科学的研究・調査結果・理論について当事者に伝える義務がある，とする考え方である．

　幼児期の特別支援教育は，健常児と"異なる幼児"への対応という意味ではない．個々に応じて"異なる援助方法"を考えていくというものである．だからこそ，その選ばれた方法が，適切で妥当なものであることを明確に示さなければならない．前者・後者いずれの考え方にしても，共通するのは，単なる保育者の"長年の経験"だけで保育実践をすすめていくのではなく，その保育実践の根拠を示していく，ということである．言い換えれば，今日実践した保育について聞かれたとき，科学的なデータや客観的な資料をときに使いながら，保育のねらいや働きかけの意図について，論理立てて説明していく力が求められている，ということである．医療職や教師など，保育所の実情に詳しいとは限らない他業種との連携では，とくにこのような伝え方が重要となる．

　この"根拠ある情報に基づいた実践と提案"を意識することは，障害児保育に限った話ではなく，保育をすすめていくにあたって他にもメリットがある．たとえば，保護者や他業種に対して保育の意図の説明責任を果たそうとする場

合，相手は保育の専門家であるとは限らないので，保育者の経験だけでは意図が通じない場合が多い．また，第1部第4章で述べられた保育カンファレンスでも，単なる感情のぶつけあいにならないようにするためには，中立的な視点や明確な根拠があることが望ましい．さらには，結果的に保育や発達などの理論と自身の実践との融合をはかることにもなるので，保育者自身の力量を向上させていくことにもつながっていく．

4）放課後の生活

　乳幼児の子どもには，「保育に欠ける」とされた場合，保育所が受け皿となって子どもの生活の場が準備される．しかしその子が就学を迎え小学校に入学すると，それ以後は受け皿がないため，放課後や学校休業日には子どもだけで過ごさなければならない．そのため，小学生，なかでも低学年児童にとっては，仕事を続ける親にとっても生活を送る子ども自身にとっても，大きな不安が残ることになる．そのような子どもたちに放課後や学校休業日に安心して生活できる居場所を提供しようとしているのが，学童保育である．

　1960年頃から始まった学童保育は，長らく法的整備がなされてこなかったが，共働き家庭が一般的になってきたことや子育て支援の充実といった社会の要求に対応する動きから，1998年の児童福祉法改正時に「放課後児童健全育成事業」として位置づけられた．この事業は，概ね10歳未満の児童に適切な遊びおよび生活の場を与えてその健全な育成をはかるものとされ，「国と地方自治体が児童の育成に責任を負う」と定められている．法制化以降，学童保育の実施は急増しているものの，量的にはまだ不足していること，各自治体の対応のばらつきが非常に大きいこと，運営にかかる財政的保障が十分ではないことなど，量的にも質的にも学童保育の抱える課題は山積している．

　障害のある子どもについても，同じ条件であるはずだが，やむなく受け入れを拒まれることも少なくない．これは，学童保育を担当する指導員の数が足り

ないために十分な対応が難しいと判断されるなど受け入れ体制の遅れの問題だけではなく，子どもについての情報不足や，指導員が障害の理解や対応技術，経験不足のために指導者間で共通理解がもてないという問題もある．特別支援教育の流れのなかで，障害児を受け入れた学童保育をどう進めるか，その条件整備が急ぎ求められている．自ら保育を重ねて就学に至った子どもの予後を考える視点からいえば，けっして乳幼児保育においても無関係な問題ではない．

注）
1）後藤秀爾「共に育ちあうクラスの理解」蔭山英順監修『統合保育の展開—障害の子と育ちあう—』コレール社　2002年　pp.95-118
2）神戸市子ども家庭センター発達障害ネットワーク推進室のホームページ（http://www.city.kobe.lg.jp/child/grow/network/siryo.html）などが参考になろう．
3）秋山薊二「エビデンスに基づく実践（EBP）からエビデンス情報に基づく実践（EIP）へ—ソーシャルワーク（社会福祉実践）と教育実践に通底する視点から—」『国立教育政策研究所紀要第140集』2011年　pp.29-44

■ おわりに ■

　保育の実践は、保育者だけで成立するわけではない。子どもと保育者との関係、子どもと父母・きょうだい・家族関係、子ども同士の仲間関係、地域のなかでの人とのかかわりあいなどによって求められる活動内容が違ってくる。あわせて、子どもの生活経験やもっている知識なども影響してくるだろう。子どもたちが子ども集団の中で、それぞれのもつ背景を基盤にしながら、かかわり合い働きかけあって育っていくのを、どのように支えるかが保育者の役割としてとても重要であることは言うまでもない。

　障害のある子どもや、集団のなかで何らかの課題を感じさせるいわゆる「気になる」子どもに対する保育援助を考えるときもその前提は同じである。ただ、障害があったり「気になる」行動をする子どもたちは、かかわり手の意図を汲んで動くことがあまりうまくいかない子どもたちであるので、マニュアルに沿った画一化された保育では保育者もうまく対応できないことが多いだろう。ひとりひとりの子どもの背景や状況を考える広い視野をもちながら、医療関係機関や学校、地域と積極的に連携したり、オリジナルの保育教材を使ったり、言葉かけに工夫を加えたりと、その個々の子どもの最善の利益につながるような援助方法をその都度考えていく、という保育の原点が改めて求められている。その意味では、障害のある子どもの保育実践は、けっして"特別な子どもへの保育"ではない。むしろ、"特別な方法を用いた保育"と置き換えることもできるだろう。

　この"子どもとしっかり向き合う"という原点に改めて立ち返り、「子どもにとって最善の利益につながる保育実践を展開するために大切なことは何か」「障害のある子どももない子どもも、保育活動のなかでいっしょに楽しく過ごすために必要なことは何か」を考えるための手がかりとなればと考え、編者は本書を編集した。そのために、第1部では、これまでの障害児保育の歩みを振

り返りつつ，障害のある子どもの保育の基本的な視点を示した．次いで，第2部では，保育の現場にみられる子どもの姿をどのように捉えていけばよいのか，保育者が実際の保育をイメージし，実践の方向性を検討できるようにした．そして，さまざまな状況を想定して多くの検討課題を盛り込み，子どもの最善の利益を保障しようとしている保育者の専門性についても思いを馳せることができればと考えた．

　この"子どもとしっかり向き合う"という原点には，"向きあおうとしていない"という明確な不正解はあったとしても，明確な正解をひとつに絞ることはできないだろう．しかし，子どもとしっかり向き合い，保育者がその専門的知識と技術をもとに，新たな保育実践を切り開いていこうとすることが大切であり，本書がそのための支えになるのなら本当に幸いである．

2014年3月吉日

編著者　増田　貴人

索　引

あ　行

ICF　2
愛着形成　122
アセスメント　159
遊び　36
アテトーゼ型　91
アメリカ知的・発達障害学会　100
アナフラキシーショック　75
アレルギー　75
医学モデル　3
意見表明権　9, 38, 40
意思表示　40
1歳6か月児健康診査　163
医療型児童発達支援　22
医療型児童発達支援センター　155
医療型障害児入所施設　21
インクルーシブ教育　51
インクルーシブ教育システム　27
インクルージョン　9
インリアル・アプローチ　42, 43
ウェクスラー式知能検査（WISC-III）
　　132
運動機能　78
運動協応性　133
　　──のアセスメント　132
絵カード　42
易興奮性　139
エコマップ　53
ADHD（注意欠陥／多動性障害）　132, 138
ADL　37
LD（学習障害）　132
エンパワーメント　28
応用行動分析　143
大津方式　25
「親の会」　13
親役割　148, 149

音楽表現遊び　108
音楽療法　108

か　行

外顕的攻撃　143
学童保育　173
家族支援のアプローチ　58
楽器　111
活性化　125
葛藤　31
家庭　170
感覚運動遊び　92
感覚過敏　75, 120, 127
感覚刺激　125
感覚統合障害　120
感覚の統合　103
感覚の鈍感さ　121
環境　67
環境因子　2
環境構成　67
環境設定　73
関係性攻撃　143
看護師　76
感染症　74
感度（センシティビティ）　44
カンファレンス　150
危機管理マニュアル　79
危険防止　77
機能訓練　93
機能訓練担当職員　157
キーパーソン　171
教育支援資料　35
きょうだい　148, 150
協調運動　121
共同注意　122
記録　68
緊急時　78
苦情受付　50

苦情解決　50
倉橋惣三　108
クレーン現象　119
ケアマネジメント　155
計画相談支援　25
経済的自立　37
痙直型　91
健康管理　74
健康診査　153
健康増進　76
言語療法士　58
高機能自閉症　117
交通安全　78
行動障害　121
行動抑制　149
行動療法　143
国際障害者年　15
5歳児健診　25, 164
5歳児発達相談会　164
固執行動　111
個人因子　2
5Ｗ1Ｈ　141
こだわり　126
子ども・子育てビジョン　26
子どもの最善の利益　34
個別支援計画　61
個別の指導計画　55, 63
コミュニケーション　36, 38, 84, 109
コミュニケーション手段　124
根拠ある情報に基づいた実践と提案　172
根拠に基づいた実践　172
混合型　139

さ 行

サーキット遊び　96
作業療法士　58
サポートブック　58
参加勧奨　165
3歳児健康診査　164
3障害一元化　154

支援計画　105
視覚過敏　127
視覚情報の優位　121
視覚的な手がかり　124
色彩　102
シーゲル　148
自己決定　37, 39
自己肯定感　108
自己実現　66
事後指導教室　165
自己認識　39
自己評価　48, 143
自己表現　29
自己抑制　138
始語　119
事故　77
自傷行為　121
自尊感情　139
肢体不自由　90
肢体不自由児施設　12
市町村保健センター　161
室内環境　74
指定保育所方式　15
児童委員　170
児童相談所　159, 165
児童デイサービス　18
児童の権利委員会　8
児童の権利に関する条約　5, 38
児童発達支援　22, 155
児童発達支援管理責任者　157
児童発達支援事業　18
児童発達支援センター　19, 21, 153, 155
児童福祉法　11
自閉症スペクトラム　117
社会性の障害　123
社会福祉基礎構造改革　17
社会モデル　3
就学免除　12
就学猶予　12
重症心身障害のある子ども　90, 97

索 引　179

重症心身障害児支援　97
重症心身障害児（者）通園事業　18
集団生活経験　169
主体的活動　71, 168, 169
主任児童委員　170
受容　125
巡回相談　66
障害児支援利用計画　159
障害児（者）地域療育等支援事業　16
障害児相談支援　23, 156
障害児相談支援事業　25
障害児通園施設　16, 154
障害児通所支援　18, 22
障害児入所支援　18, 22
障害児入所施設　18, 21
障害児保育　16
障害児保育事業の実施について　14
障害児保育相談　66
障害者基本法　4
障害者虐待の防止，障害者の養護者に対する支援等に関する法律　6
障害者自立支援法　4, 18, 154
障害者総合支援法　4, 28
障害者の権利に関する条約　4
障害者の日常生活及び社会生活を総合的に支援するための法律　4
障害受容　55
障害を理由とする差別の解消の推進に関する法律　6
衝動性　139
常同行動　120
情報収集　55
食生活習慣　76
触覚　103
進行性筋ジストロフィー　91
人工内耳　87
心身障害児（者）福祉の今後のあり方について　15
新生児聴覚スクリーニング　85
身体運動　125

信頼関係　147
水泳指導　92
睡眠障害　121
生育歴　110
精神薄弱児施設　11
精神薄弱児通園施設　12
精密検査　164
世界保健機構（WHO）　2
セルフヘルプ・グループ　170
全国保育士会倫理綱領　48
選択肢　41
早期発見　8, 25, 85, 154
早期幼児自閉症　118
早期療育　85, 154
造形遊び　102
相談・支援手帳（ファイル）　25
相談支援専門員　157
粗大運動　96, 122

た　行

体幹　90
第三者委員　50
第三者評価　47
対人関係　127
ダウン症　135
他害行為　121
多動傾向　121
多動性―衝動性優勢型　138
地域支援ネットワーク　153
地域保健法第18条　162
知的機能　100
知的障害　100
注意集中困難　138, 139
中央児童福祉審議会　12
中枢神経系　140
聴覚過敏　127
聴覚障害　85
チルドレン・ファースト　26
teachable moment　52
適応　56
適応行動　100

適応スキル　100
同一性の保持　120
統合モデル　3
当面推進すべき児童福祉対策に関する意見具申　13
特別支援学校　171
特別支援教育　21, 51
特別支援教育コーディネーター　21, 171
特別支援保育　129
特別保育事業　16
トランポリン　93
鈍麻　127

な 行

なぐり描き　102
難聴　85, 86, 90
難聴幼児通園施設　155
認知能力　103
脳性まひ　90
ノーマライゼーション　2

は 行

ハーモニー　114
発達障害　18
発達障害者支援法　164
発達性協調運動障害　133
ハッピー7カード　147
パニック　126
バランス感覚　95
反響言語　41
判断力　78
被虐待児　139
微細運動　122
PDCAサイクル　68
ヒトマップ　53
避難訓練　79
比喩的な表現　120
評価　68
表現遊び　108
ファミリーサポートセンター　170
福祉型児童発達支援センター　18, 155

福祉型障害児入所施設　21
不注意優勢型　138
プリンティング　104
PECS（ペクス）　42
偏食　75, 121
保育環境　70
保育カンファレンス　48, 51
保育室　70, 79
保育指導計画　61
保育所児童保育要録　27, 68
保育所等訪問支援事業　23, 157, 159
保育所保育指針　32, 34
保育の環境　33
保育の両義性　168
放課後児童健全育成事業　173
放課後等デイサービス　22, 155
訪問支援員　157
保健所　165
保健センター　153, 161
保護者　147
母子健康手帳　162
母子保健事業　153, 162

ま 行

巻き取り　136
マルトリートメント　146
ミーニングレベル　44
民生委員　170
盲学校　12
盲ろうあ児施設　12
モノマップ　53

や 行

遊具　70
ユニバーサルデザイン　52
養護学校　12
幼児健康診査　163
幼稚園教育要領　34
幼稚園幼児指導要録　27, 69

ら 行

ライフステージ　35
落胆　57

螺旋型モデル　56
理学療法士　76
流動食　76
療育・医療の専門機関等　170
療育施設　11, 12
療育担当者　87

療育的支援　65
レオ・カナー　118
連携　140, 171
ローナ・ウィング　117

わ行

ワクワク感　142

編著者略歴

水田　和江（みずた　かずえ）
1948年　山口県生まれ
1999年　福岡県立大学大学院人間社会学研究科修士課程福祉社会専攻修了
現　在　宇部フロンティア大学短期大学部保育学科　教授
著　書　『子ども家庭福祉の扉　第4版』（編著）学文社　2011年
　　　　『障害のある子どもの保育実践』（第1版第2刷）（編著）学文社　2011年
　　　　『社会的養護の理念と実践』（編著）みらい　2012年

増田　貴人（ますだ　たかひと）
1975年　北海道生まれ
2009年　広島大学大学院教育学研究科博士課程後期教育人間科学専攻修了
現　在　弘前大学教育学部　准教授
著　書　『幼児学用語集』（共著）北大路書房　2013年
　　　　『不器用さのある発達障害の子どもたち　運動スキルの支援のためのガイドブック—自閉症スペクトラム障害・注意欠陥多動性障害・発達性協調運動障害を中心に—』（監訳）東京書籍　2012年
　　　　『障害のある子どもの保育実践』（第1版第2刷）（編著）学文社　2011年
　　　　『特別支援教育実践のコツ—発達障害のある子どもの〈苦手〉を〈得意〉にする—』（共著）金子書房　2011年
　　　　　　　　　　　　　　　　　　　　　　　　　　　　　他多数

新障害のある子どもの保育実践　　2014年3月31日　第一版第一刷発行

編著者　水　田　和　江
　　　　増　田　貴　人
発行所　㈱学　文　社
発行者　田　中　千　津　子
東京都目黒区下目黒3—6—1　〒153-0064
電話03（3715）1501　振替00130—9—98842
落丁、乱丁本は、本社にてお取替え致します。
定価は売上カード、カバーに表示してあります。

ISBN 978-4-7620-2451-1　印刷／㈱亨有堂

カバー・扉写真：PhotoMaterial〔http://photomaterial.net/a0004/〕